영화처럼 재미있는 창조과학의 세계

빙하시대
이 야 기

Ice Age Story

빙하시대 이야기

지은이 | 이재만·최우성
초판 발행 | 2011년 4월 1일
19쇄 발행 | 2023. 10. 31
등록번호 | 제3-203호
등록된 곳 | 서울특별시 용산구 서빙고동 95번지
발행처 | 사단법인 두란노서원
영업부 | 2078-3333 FAX 080-749-3705
출판부 | 2078-3477

▌책값은 뒤표지에 있습니다.
ISBN 978-89-531-1558-3 03230

▌편집부에서 독자의 의견을 기다립니다.
tpress@duranno.com http://www.Duranno.com

두란노서원은 바울 사도가 3차 전도여행 때 에베소에서 성령 받은 제자들을 따로 세워 하나님의 말씀으로 양육하던 장소입니다. 사도행전 19장 8-20절의 정신에 따라 첫째 목회자를 돕는 사역과 평신도를 훈련시키는 사역, 둘째 세계선교(TIM)와 문서선교(단행본 · 잡지) 사역, 셋째 예수문화 및 경배와 찬양 사역, 그리고 가정 · 상담 사역 등을 감당하고 있습니다. 1980년 12월 22일에 창립된 두란노서원은 주님 오실 때까지 이 사역들을 계속할 것입니다.

영화처럼 재미있는 창조과학의 세계

빙하시대
이 야 기

Ice Age Story

이재만 · 최우성
지음

두란노

빙하시대는
정말 있었을까?

   빙하, 매머드, 지구온난화… 모두가 최근 어렵지 않게 접하는 단어들이다. 영화 〈투모로우〉(The Day after Tomorrow, 2004)나 〈2012 둠스데이〉(2012 Doomsday, 2008) 등 지구의 환난이나 종말을 다룬 영화들과 지구가 점점 따뜻해져서 빙하가 녹고 있다는 미디어의 보도들, 그리고 영화 〈10,000 BC〉(2008)와 만화영화인 〈아이스에이지〉(Ice Age, 2009)가 시리즈로 등장하면서 어린이들도 이 주제들에 관심을 갖기 시작했다. 바로 지구가 과거에 경험한 적 있다는 '빙하시대'다. 이들 미디어의 영향 때문인지 일반적으로 '빙하시대' 하면 사람들은 지금은 경험할 수 없는 무섭고도 신비로운 상상들을 하곤 한다.

   빙하시대는 정말 있었을까? 있었다면 언제 발생한 것이며, 그 원인과 결과는 무엇일까?

   성경에는 인류와 우주의 역사가 기록되어 있다. 그렇다면 성경 어디엔가도 빙하시대에 대한 언급이 있어야 할 것이다. 물론 '빙하시대'라는 단어는 최근 만들어진 과학 용어이기 때문에 정확히 일치하는 단어를 찾는 것이 무리일지라도 성경 어딘가에서 그 독특했던 분위기를 발견할 수 있지 않을까?

성경 가운데 신비하고 특이한 책이 하나 있는데 바로 '욥기'다. 흥미롭게도 욥기에는 노아 홍수 사건을 포함하여 홍수 전후를 암시하는 언급과 함께 추위에 대한 단어들이 유난히 많이 등장한다. 이 단어들은 등장인물들이 일상에서 경험하는 익숙한 것인 듯 특별한 설명 없이 마구 튀어나온다.

이 책에서는 오랫동안 논란이 돼 온 빙하시대 이야기를 욥기를 바탕으로 하여 성경적 접근으로 풀어 나가고자 한다. 아울러 그간 우리의 생각을 고정시켜 온 진화론을 벗어버릴 수 있도록 도움을 주고자 한다. 이 책을 통해 빙하시대를 바르게 이해하고 나면 성경에 기록된 전 지구적인 노아 홍수 심판 사건을 정확히 이해할 수 있을 뿐더러 설명까지도 할 수 있을 것이다.

빙하시대는 인류 역사상 아주 중요한 성경의 한 사건과 밀접하게 연결되어 있는데, 이를 통해 온 인류가 어떻게 지금의 각 대륙으로 흩어지게 되었는지 그 경위를 파악할 수 있다. 아울러 추위와 더위, 인간의 수명, 동물의 다양성, 인류의 다양한 피부색, 다양한 언어, 공룡의 멸종 등 과거에 일어난 사건에 대해서도 분명한 답을 찾게 될 것이다.

빙하시대 사건이 성경적 역사와 얼마나 잘 일치하는지, 또 현시대에서 볼 수 있는 모습들을 얼마나 잘 설명하는지를 알고 나면 신비로운 전설로만 알고 있던 빙하시대가 일상에서 경험하는 가까운 현실로 다가올 것이다. 나아가 빙하시대라는 궁금한 주제를 통해 하나님께서 계시해 주신 성경과 더욱 가까워질 것이다.

이 책은 여러 분들의 도움과 격려로 마칠 수 있었다. 독자들의 입장에서 자세한 교정과 조언을 해주신 노휘성 사모님, 한결같이 글을 읽어 주신 최인식 창조과학선교회 회장님, 정상협 교수님께

감사드린다. 교정과 추천을 함께 해주신 임번삼 박사님, 임진규 교수님, 추천을 해주신 서병선 교수님, 최태현 박사님께 감사드린다.

그림을 그리느라 고생한 이선복 자매(Elena Sonbok Lee)에게 특별한 감사를 표한다. 상상력이 필요한 그림들이기에 여러 번 수정을 하면서도 기도와 함께 펜을 놓지 않았기에 글을 쓰는 우리에게 큰 격려가 되었다.

전임사역을 하는 우리들에게 아내와 가족의 인내가 함께 하지 않았으면 이 책은 시작도 하기 어려웠을 것이다.

끝으로 창조과학선교회가 여기까지 올 수 있도록 기도와 후원을 아끼지 않은 여러분께 감사드린다.

2011년 3월

이재만 · 최우성

두 저자는 지질학, 구약학, 생리학을 전공한 창조과학자들로서 각 분야의 학문적 접근을 통하여 빙하시대를 설명할 뿐만 아니라, 빙하시대 전후로 성경에 나타난 지구환경에 대한 묘사를 매우 사실적으로 해석하고 있다. 성경은 하나님께서 창조하신 지구를 자세히 설명하고 있으나 진화론적인 선입견을 가지고 접근하다 보면 난해한 여러 문제에 봉착하게 되는데, 《빙하시대 이야기》는 성경이 말하는 홍수 이전과 이후의 생태환경에 대해 명쾌하게 설명하고 있다. 진화론의 영향으로 하나님께서 창조하신 이 땅에 대한 오해가 많은 이 시대에 우리가 사는 지구가 얼마나 특별한 땅인가를 알려준다. 저자의 학문과 신앙을 통합한 독창적인 이 책이 많은 사람을 주께로 인도하는 귀한 자료가 되길 바란다.

서병선(한동대학교 생명과학부 교수, 한동대 창조과학연구소장)

《빙하시대 이야기》는 인류의 뿌리를 새롭게 밝혀주는 한 줄기 빛과 같다. 대홍수 이후 잃어버린 인류의 역사를 자연과학적 관점에서 할아버지가 손녀에게 이야기하듯이 쉽고 재미있게 설명한다. 거짓 이론에 물든 기성세대는 물론, 우리 자녀들이 꼭 읽어야 할 필독서다.

임번삼(미생물학 박사, 교과서 진화론 개정연구소 소장)

이 책에서 성경의 사건들을 근거로 빙하시대의 유래를 재구성하고 과학적인 해석과 증거를 제시하는 시도는 한여름 대낮에 맛보게 되는 얼음냉수와 같은 것이다. 저자는 그동안 진화론적 관점에서 형성되어 온 빙하기 가설의 문제점들을 논박하고 대신 성경의 사건과 그로 인해 이 지구상에 일어났을 변화들을 설득력 있게 과학적 지표를 가지고 설명하고 있다. 이런 시도는 마치 다윗이 골리앗 앞에 당돌하게 서서 물맷돌을 가다듬는 장면처럼 느껴지기에 이 책을 읽으면서 끝까지 긴장감을 놓칠 수 없었다. 마치 거대한 빙산이 무너져 바다로 떨어져 내리는 것을 보는 듯한 통쾌함을 느꼈다. 이 책은 하나님의 말씀을 근거로 명쾌하게 빙하기의 유래나 기간 등을 설명하고 있다. 좋은 연구는 한 개의 질문에 답을 하고 대신 열 개의 질문을 만든다고 한다. 저자가 주장하는 과학적 관찰이나 사실들은 더 보완되고 수정되어야 할 부분들이 있을지도 모른다. 그러면서 동시에 여러 그리스도인들에게 하나님의 말씀을 더 깊이 연구해야 함을, 그리고 현대 사람들이 기정사실로 받아들이는 과학적 이론들을 하나님 중심의 세계관에서 과학적으로 검증해 봐야 함을 도전한다. 이 책의 출판을 기점으로 충성된 성경연구와 과학자들의 심도있는 연구를 통해 하나님의 창조 지혜의 깊이와 높이, 넓이를 더 잘 드러내는 계기가 마련되길 기대한다.

임진규(경북대학교 생명식품공학과 교수)

빙하시대, 전 세계의 다양한 민족들, 그리고 신비한 책 욥기. 이 모든 것이 서로 연관되어 있다면 과연 어떤 이야기가 될까? 7년 이상을 함께 사역해 온 두 저자는 이 책에서 바로 그 이야기를 흥미진진하게 풀어내고 있다. 이 책은 빙하시대에 대한 기존 이론들의 취약점을 일반인이 이해하기 쉽게 풀어냈다. 그리고 창세기로부터 아이디어를 얻어 개발된 이론들이 우리가 관찰할 수 있는 실제를 잘 설명할 수 있음을 보여준다. 또한 창세기 및 욥기가 시사하는 다양한 민족들의 전개과정을 빙하시대와 연결시켜 재미있게 풀어내고 있다. 이 책은 지질학과 생물학의 전공 지식이 많지 않더라도 충분히 따라갈 수 있도록 친절하게 쓰였다. 그러나 그 메시지는 만만치 않다. 독자들은 노아 홍수와 아브라함의 등장 사이에 있었던 불가사의한 시기가 바로 빙하시대였다는 이 책의 메시지로부터 창세기 전반의 마지막 퍼즐을 맞추는 즐거움을 느낄 것이다. 빙하시대와 인류의 기원을 개별적으로 다룬 책들은 있었지만, 이 두 주제를 하나로 묶어 성경적 관점에서 일관된 체계를 보여주는 책은 거의 없었다. 인류의 역사에 대한 성경적 해석에 관심있는 독자라면 고개를 끄덕이며 읽을 수 있는 필독서다.

최태현(행정학 박사, 창조과학선교회 강사)

욥기에 언급된
추위와 관련된 단어들은
무엇을 의미할까?

성경에는 욥기라는 책이 있는데, 성경 66권 중에 가장 난해하고 신비로운 책 중에 하나로 꼽히기도 한다. 사건이 발생한 시대적 상황에 대한 설명도 없이 거의 대부분의 내용이 고난 받고 있는 욥과 그를 찾아온 친구들의 대화로 진행된다.

욥기에 유난히 여러 번 등장하는 단어가 있다. 얼음, 눈, 폭풍 등과 같은 추위와 관련된 단어들이다. 그런데 놀랍게도 이 단어들은 단순히 묘사되어 있는 것이 아니라 이 단어를 사용하고 있는 당사자들이 실제 경험하고 있는 상황을 표현하고 있다. 이런 단어들은 그냥 지나치기 어렵다. 왜냐하면 욥이 살던 우스는 추

운 곳이 아니기 때문이다.

우스는 성경에서 에돔 땅으로 추정되는 곳이다. 우스는 욥기 이외의 다른 구약성경에서 두 번 등장한다. 하나는 노아의 손자 인 아람의 아들 이름으로(창 10:23) 나오는데, 바로 아람 사람들의 조상이다. 또 다른 곳은 에돔(야곱의 쌍둥이 형인 '에서')의 후손 중에 우 스가 등장한다(창 36:28). 이 우스는 나중에 "우스 땅에 사는 딸 에 돔아"(애 4:21)라고 한 예레미야애가에서 다시 언급되는데, 에돔은 염해(사해) 남부에 위치한다.

또한 "이 사람은 동방 사람 중에 가장 훌륭한 자"(욥 1:3)라는 표

현을 보아 욥의 거주지는 염해 남동부인 것으로 보인다. 하나님이 욥에게 말씀하실 때 '요단 강'이란 정확한 지명을 언급하시는 점으로 보아 욥이 지금의 이스라엘 근처에 살았다는 것은 의심할 여지가 없다.

분명한 것은 이곳은 오늘날 겨울에도 눈이 오는 곳이 아니며 얼음이 어는 곳은 더더욱 아니다. 그럼에도 불구하고 이들이 추위에 대한 단어들을 서슴없이 사용하는 것이 특이하지 않은가?

욥의 표현을 보자.

"얼음이 녹으면 물이 검어지며 눈이 그 속에 감추어질지라도 따뜻하면 마르고 더우면 그 자리에서 아주 없어지나니"(욥 6:16–17).

"내가 눈 녹은 물로 몸을 씻고 잿물로 손을 깨끗하게 할지라도"(욥 9:30).

"가뭄과 더위가 눈 녹은 물을 곧 **빼앗나니**"(욥 24:19).

대화 끝에 끼어든 엘리후 역시 동일한 이야기를 한다.

"눈을 명하여 땅에 내리라 하시며 적은 비와 큰 비도
내리게 명하시느니라"(욥 37:6).

"폭풍우는 그 밀실에서 나오고 추위는 북풍을 타고 오
느니라 하나님의 입김이 얼음을 얼게 하고 물의 너비
를 줄어들게 하느니라"(욥 37:9-10).

하나님의 말씀도 주목할 만하다.

"네가 눈 곳간에 들어갔었느냐 우박 창고를 보았느냐"
(욥 38:22).

"얼음은 누구의 태에서 났느냐 공중의 서리는 누가 낳
았느냐 물은 돌같이 굳어지고 깊은 바다의 수면은 얼
어붙느니라"(욥 38:29-30).

　하나님께서 자신이 창조자임을 드러내시기 위해 눈, 우박, 얼음, 서리, 특별히 바다까지 얼어붙는 이야기를 하신다. 대화로 비추어 보건대, 욥과 친구들은 분명 지금과 다른 환경을 함께 경험하고 있었음을 암시하는 듯하다. 사실 성경에서 추위와 관련된 단어가 욥기만큼 많이 등장하는 곳도 찾기 어렵다. 이들이 경험한 추위는 무엇이었을까?

　오늘날 사람들은 과거 언젠가 지구가 지금보다 눈이 많이 내리고 몹시 춥던 시기가 있었음을 알고 있다. 소위 말하는 '빙하시대'다. 빙하시대란 과거 빙하의 면적이 지금보다 훨씬 넓었던 기간

을 말한다. 빙하시대 전문가들은 과거 빙하가 평균 700m의 두께
로 육지의 30%를 뒤덮은 적이 있었다는 것에 동의한다.

　이처럼 빙하시대가 광범위한 현상이었다면, 성경에 빙하시대
와 관련된 기록은 없을까? 욥기에 등장하는 추위에 대한 묘사가
이와 연관성이 있을까? 성경이 역사적으로 발생한 사실을 기록
한 책이라면, 빙하시대는 성경의 어느 사건과 맞물릴까? 과연 무
엇이 지구상에 이런 엄청난 변화를 가져왔을까?

Part. 01

성경이
말하는
빙하시대

오늘날에는 물의 순환과 평형 때문에 한쪽에 강우가 많으면 다른 한쪽에는 가뭄이 있게 마련이다. 그러므로 빙하시대를 설명할 때 필수적인 전 지구적인 높은 습도는 가장 어려운 조건이다. 그러나 노아 홍수 때의 높은 해수온도는 이에 대한 분명한 근거를 제공해 줄 뿐 아니라, 실제로 노아 홍수를 고려하지 않고는 다른 대안을 찾기 어렵다. 다시 말해 노아 홍수를 통하여 가장 어려운 조건인 전 지구적인 높은 습도가 충분히 설명된다. 이 엄청난 양의 수증기가 연속적으로 수개 또는 수십 개의 거대한 화산 폭발로 온도가 낮아진 대기와 만났을 때를 상상해 보라. 얼마나 어마어마한 강설이었을 것인가?

01

빙하시대의 주인공
빙하는 과연 무엇일까?

오늘날 지표의 10%가 빙하로 덮여 있는데,

지구상의 민물로는 가장 큰 부피를 차지하며 대부분 양극지방에 집중되어 있다.

현재 지구에 존재하는 물의 98%는 바닷물이며,

나머지 2%가 민물인데 대부분이 고체로 존재하는 빙하다.

일반 눈은 공기를 많이 포함하고 있기 때문에 처음에는 비중이 0.06~0.16에 불과하지만 눈이 계속 쌓이면 치밀해져서 0.8까지 이르게 되어 얼음같이 되는데 이것을 빙하빙(glacial ice)이라고 부른다. 이 거대한 얼음덩이가 사계절 동안 녹지 않을 때 이를 '빙하'(glacier)라고 하며, 이들이 두꺼워지면 중력에 의해 흐르듯이 낮은 곳으로 이동하기 때문에 이를 한자로 '氷河'(빙하: 얼음 하천)라고 한다. 일반적으로 빙하는 남극과 북극에 쌓인 얼음을 일컫는 통상적 용어로 사용된다.

오늘날 지표의 10%가 빙하로 덮여 있는데, 지구상의 민물로는 가장 큰 부피를 차지하며 대부분 양극지방에 집중되어 있다. 현재 지구에 존재하는 물의 98%는 바닷물이며, 나머지 2%가 민물인데 대부분이 고체로 존재하는 빙하다. 지진파와 시추 결과에 따르면 그린란드와 남극의 빙하 두께는 3,000~4,000m까지로 보이며, 이들 모두가 녹으면 지구의 평균 해수면을 65m가량 상승시킬 만한 막대한 양이다.

지질학이나 고기후학을 연구하는 모든 과학자들은 지구의 지난 역사 동안에 '빙하시대' 또는 '빙하기'가 있었다고 믿는다. 빙하시대란 과거 빙하의 면적이 지금보다 훨씬 넓었던 기간을 말한다. * 그러면 현재의 모습을 보며 예전에는 빙하

* 오랜 지구를 믿는 과학자들은 빙하시대 안에 여러 번의 빙하기 또는 빙기가 있는 것으로 그 용어를 나누어 쓰기도 한다. 영어로는 ice age 또는 glacial age다.

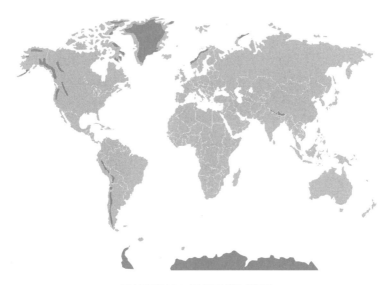

오늘날의 빙하 분포. 파란 부분이 빙하 지역이다.

의 너비가 지금보다 넓었다는 것을 어떻게 알 수 있을까?

이는 빙하가 녹을 때 남겨 놓은 독특한 지형을 통해서 알 수 있다. 예를 들면, 빙하가 이동하면서 침식시킨 알프스의 마터호른과 같이 뾰족한 봉우리를 남겨 놓은 호른(horn), 움푹 파여서 커다란 원형의 그릇 모양을 보여 주는 서크(cirque), 그리고 거의 수직에 가까운 측면을 보여 주는 U자 계곡 등이다. 그리고 빙하와 암석들이 섞여서 함께 운반되어 독특한 퇴적 지형을 만들기도 하는데, 커다란 암석들이나 다양한 양상의 흙들이 고래등 모양으로 쌓여 있는 드럼린(drumlin)과 제방처럼 보이는 모레인(moraine) 등이 대표적인 예다.

 지질학자들은 지금은 빙하가 존재하지 않지만, 이와 같은 빙하의 침식으로 남겨 놓은 산의 모양 또는 그 빙하 퇴적물이 쌓인 빙하의 흔적들을 통해서 과거 빙하가 어디까지 확장되었는지 그 분포도를 그려 왔다. 이들 빙하가 남겨 놓은 지형을 통해 유추해 보면, 과거에는 지금보다 훨씬 넓은 지역에 걸쳐 빙하가 분포했다는 점에는 의심의 여지가 없다.

 이런 빙하 지형을 적용해 보면 과거에 육지 표면의 30%는 빙하로 덮였던 것으로 유추된다. 북반구의 경우 그린란드를 중심으로 캐나다 전역, 미국의 오하이오와 인디애나 주까지 내려왔으며 최남단으로는 캘리포니아의 시에라네바다 산맥에 위치한 휘트니

호른(horn)

서크(cirque)

U자 계곡

산(Mt. Whitney, 북위 36.5도)까지다. 유럽은 영국의 대부분이 빙하로 덮여 있었고, 노르웨이와 스웨덴, 러시아 북서부가 빙하로 덮여 있었다. 남반구의 경우 남극 전역과 남아메리카 남부와 오세아니아 남부가 빙하로 덮여 있었다.

직접 측정할 수는 없지만 빙하시대 당시의 빙하 두께는 지금의 그린란드나 남극보다 더 두껍지는 않았을 것으로 생각된다. 그러므로 빙하시대는 얼음의 두께가 오늘날 북극과 남극의 빙하와 비슷하지만 분포 면적이 훨씬 넓었던 때를 말한다. 빙하의 평균 두께는 700m 정도로 여겨지는데, 이런 면적과 두께로 보면 엄청난 양의 물을 육지에 저장했을 것이다. 이는 당시 평균 해수면을 120m 정도 낮추는 양이다.

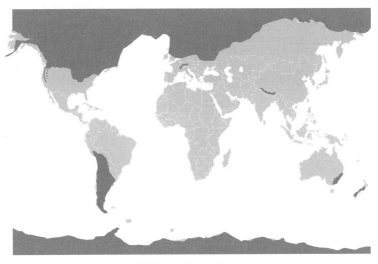

과거 빙하의 분포. 파란색이 빙하 지역이다.

02

빙하시대가
오려면?

빙하 하면 얼어붙은 바다를 상상하는 모양인데,

실제로 빙하는 바닷물이 얼어서 된 것이 아니라 눈이 쌓여서 된 것이다.

그러므로 앞으로 빙하시대를 다룰 때 열쇠가 되는 것도

역시 눈임을 염두에 두어야 한다.

빙하시대 세미나를 시작할 때마다 "빙하가 눈이 쌓여서 된 것일까요, 아니면 바다가 얼어서 된 것일까요?"라는 질문을 던진다. 이때 놀랍게도 바다가 얼어서 되었다는 쪽에 손을 드는 사람들이 적지 않다. 대부분의 사람들은 빙하를 가까이서 직접 보지 못하고, 영화나 사진에서 거대한 얼음이 바다로 떨어지는 장면을 보았기 때문에 빙하 하면 얼어붙은 바다를 상상하는 모양인데, 실제로 빙하는 바닷물이 얼어서 된 것이 아니라 '눈'(snow)이 쌓여서 된 것이다. 그러므로 앞으로 빙하시대를 다룰 때 열쇠가 되는 것도 역시 눈임을 염두에 두어야 한다.

결국 빙하시대는 '눈'이 관건이므로, 한마디로 표현하면 광역적*으로 눈이 많이 내렸으며 그 쌓인 눈이 녹지 않던 시기를 말한다. 대기는 당연히 눈을 만들 만큼 낮은 온도를 유지해야 했다. 그러나 전 지구의 기온이 지금의 극지방과 같이 아주 추울 필요까지는 없었을 것이다. 눈 결정을 만들고 녹지 않게 할 만큼의 기온이면 충분했다.

* '광역적'(regional)이라는 단어는 빙하시대의 원인과 분포를 언급할 때 자주 등장하는 단어다. 노아 홍수는 '전 지구적'이란 표현이 자주 등장하는 반면, 빙하시대는 그렇지 않다. 빙하시대는 강설이 광범위하게 영향을 미쳤지만 홍수 심판과 같이 전 지구적 사건은 아니다. 당시 적도 근처에는 눈보다 비가 더 많이 내렸을 것이다. '광역적'보다 작은 범위는 '지역적 또는 국부적'(local)이다.

다른 하나는 선선한 여름이다. 오늘날 극지방의 일부를 제외한 다른 지역은 겨울에 쌓였던 눈이 여름을 넘기지 못하고 모두 녹아 버린다. 그러므로 빙하시대 동안에는, 겨울에 내린 눈이 녹지 않을 정도로 지금과 사뭇 다른 '선선한 여름'이 필수적이다. 실제로 여름에 빙하가 녹지 않기 위해서는 오늘날의 여름보다 기온이 10~12°C는 낮아야 하는 것으로 나타났다 (Williams, 1979[*]).

* Williams, L. D., *An energy balance model of potential glacierization of northern Canada*, Arctic and Alpine Research, Vol 11, No. 4, 1979, p. 443~456.

위의 두 조건과 함께 반드시 필요한 것이 있는데, 바로 눈을 내리게 하는 습기의 근원이다. 지구 전체가 춥다고 해도 눈의 근원인 습기의 공급처가 없으면 광역적인 강설은 불가능하기 때문이다. 즉 빙하시대가 도래하기 위해서는 눈 결정을 만들 만큼 기온이 낮아야 하지만, 반면에 증발이 빨리 일어날 만큼 바다의 온도는 높아야 한다. 그러나 일반적으로 기온이 낮으면 해수면의 온도도 낮고, 기온이 높으면 해수면의 온도도 높다. 이런 특이한 조건 때문에 빙하시대를 그려 보는 것이 어렵다. 특별히 지역적인 예외를 빼고 오늘날 빙하는 전체적으로는 성장하지 않고 줄어든다. 위의 조건이 유지되지 않기 때문이다. 그런데 빙하시대 이론의 대부분은 추운 날씨에만 초점이 맞추어져 있다. 그러나 추운 날씨는 빙하시대를 초래하기 위한 필요조건이지 충분조건은 아니다.

그러므로 빙하시대는 기본적으로 아래 세 가지 조건이 동시에

만족되어야 한다.

1. 낮은 기온
2. 선선한 여름
3. 따뜻한 대양

세 조건 중에 1, 2번은 둘 다 낮은 기온이라는 점에서 같은 맥락으로 취급해도 될 것이다. 이제 이 조건들을 하나하나 다루어 보자.

03

낮은 기온을 일으킨 화산 폭발

광역적으로 지구의 기온을 낮출 수 있는 자연과정으로 가장 가능성이 높은 것은

화산 활동이다. 실제로 1815년 인도네시아 탐보라 화산이 폭발했을 때

1816년은 '여름이 없는 해'가 될 만큼 지구 전체의 기온이 떨어졌다.

영국과 근방에서는 이때의 폭우와 추운 날씨로 피난 가는 사람도 있었다.

광역적으로 지구의 기온을 낮출 수 있는 자연과정으로 가장 가능성이 높은 것은 화산 활동이다. 실제로 그린란드와 남극 대륙의 빙하에서 얻어진 얼음 코어들은 풍부한 화산재와 화산에 의한 산성 물질을 포함하고 있다. 이런 증거들 때문에 대부분의 과학자들은 빙하시대가 화산 활동과 관련되었다고 추측하고 있다.

화산 활동은 크게 두 가지로 나눌 수 있는데, 하나는 화산재가 주로 분출하는 화산이며, 다른 하나는 용암이 주로 분출하는 화산이다. 화산재를 분출하는 화산이 용암을 분출하는 화산보다 폭발 규모가 훨씬 크며 지구 기온에 더 큰 영향을 준다. 왜냐하면 화산 폭발 때 화산재와 함께 분출된 미세한 먼지인 연무질(aerosol)이 한동안 대기 중에 떠 있게 되며, 이것이 태양에서 오는 복사에너지를 차단해 대기온도를 낮추기 때문이다.

실제로 큰 화산 폭발이 일어날 때마다 지구의 연평균 기온이 약 1℃ 낮아졌으며, 이 낮은 기온은 1~3년 동안 지속되었다. 예를 들어 1883년 인도네시아 크라카토아 화산이 폭발했을 때 약 1억 톤의 먼지가 성층권으로 분출된 적이 있는데, 그 후 수년간 눈에 띄게 낮은 기온이 계속됐다.

화산 폭발로 지구의 기후에 영향을 준 예로서 가장 유명한 화산을 꼽으라면 1815년 인도네시아에 위치한 탐보라 화산 폭발일

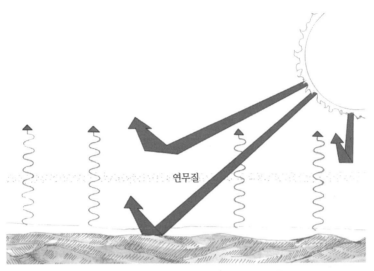

화산 폭발은 태양 복사에너지를 차단해 지구의 대기온도를 낮춘다.

것이다. 강도 1~8지수 가운데 7에 분류될 정도로 큰 화산 폭발이었다. 이때의 여파로 지구 전체의 기온이 떨어졌는데, 다음 해인 1816년은 '여름이 없어진 해'로 불릴 정도였다. 당시 기록을 보면 가히 놀랄 만하다.

미국 북동부와 캐나다 남동부는 다른 지역보다 기온이 비교적 안정된 곳으로 매년 평균 20~25℃를 유지하는 곳이다. 그러나 그 해는 평균 기온이 5℃까지 떨어졌다. 여름에는 눈이 내리지 않는 지역임에도 그 해 여름에는 눈보라가 치기도 했다. 캐나다 동부와 미국 동부인 뉴잉글랜드 주에서는 6월에 강설로 많은 사망자가 생겼다. 캐나다의 퀘벡 시는 6월 초에 30cm의 적설량을 기록했다. 펜실베이니아 주의 남부는 7, 8월에 호수와 강에서 얼음을 볼 수 있었다. 6월에 미국 동부에서 서리가 내리고 이런 날씨가 약 3개월간이나 계속되어 농작물의 피해가 잇따랐다. 이 화산은 북미뿐 아니라 유럽까지 춥게 만들었는데 6월에 눈이 내리고, 7, 8월에 농작물이 얼었다. 영국과 근방에서는 추운 날씨와 폭우로 농작물이 피해를 입었으며 먼 거리로 피난 가는 사람도 발생했다.

과학자들은 1815년의 탐보라 화산 폭발 혼자서 이 같은 추위를 일으킨 것이 아니라고 생각한다. 이는 1812년의 라수프리에르(대서양 쪽 중미)와 아우(인도네시아), 1813년의 스와노세지마(일본), 1814년의 마욘(필리핀)의 대형 화산들이 연이어 폭발했기 때문으로 보고 있다. 이들 기존의 화산에서 분출된 먼지들이 탐보라 화산이 터지기 전에 이미 공기 중에 떠 있었으며, 거기에 초대형 탐보라 화산이 가세함으로써 극도의 추위가 온 것이다.

실제로 빙하시대는 화산 활동과 연관이 있는 것으로 추정되는데, 위의 화산보다 훨씬 더 큰 규모의 화산 폭발이 연달아 일어나며 낮은 기온을 이끌었을 것으로 보인다. 탐보라 화산은 기상학자들에게 화산 폭발이 지구 기후에 얼마나 큰 영향을 주는지 귀한 단서를 주었다.

만약 빙하시대를 이끌 만한 거대한 화산 활동이 연속적으로 있었다면 그 여파로 여름에도 계속 선선한 기온을 유지했을 것이다. 그리고 만약 눈이 내렸다면, 이 저온의 여름으로 인해 다음 겨울까지 눈이 녹지 않아 계속 쌓였을 것이다.

라수프리에르(중미)
1812년

탐보라 화산 폭발 전에도
세계 각처에서 대형 화산이 연이어 폭발했다.

스와노세지마(일본)
1813년

마욘(필리핀)
1814년

탐보라(인도네시아)
1815년

아우(인도네시아)
1812년

04
빙하시대를 이끌었을 만한
화산들

지구상에서 대규모 화산이 연이어 폭발했다면

대기의 기온을 충분히 떨어뜨렸을 것이다.

창조과학자들은 이 화산 폭발들이 북반구의 빙하시대를 이끈

주된 요인이었을 것이라고 추정한다.

그렇다면 과연 빙하시대를 이끌었을 만한 대규모 화산 활동의 지질학적 증거가 실제로 있을까? 지질학자들은 그동안 어떤 분화구에서 분출한 화산재가 어디까지 날아가서 쌓였는지를 화산성 퇴적암(화산재가 쌓여서 굳은 퇴적암)을 통해 추적해 왔다. 특히 북미 지역이 다른 어떤 곳보다 이에 대하여 자세히 연구되었다. 그 결과는 참으로 놀라웠다. 북미의 화산재를 추적해서 그 분포도를 그리면, 오늘날 경험한 적 없는 넓은 지역을 뒤덮던 대규모 화산 활동이 있었음을 알 수 있다.

예를 들어 캘리포니아 중부 비숍(Bishop) 지역에 있는 롱밸리 분화구(Long Valley Caldera)는 태평양 연안에서부터 캔사스 주와 텍사스 주까지 화산재가 분포하고 있다. 이를 비숍 화산재(Bishop Ash)라고 부른다. 옐로스톤 국립공원에 있는 화산재는 훨씬 넓은 지역을 덮고 있는데, 캘리포니아 연안에서부터 루이지애나 주까지 광활하게 분포한다. 이를 라바크릭과 허클베리리지 화산재(Lava Creek & Huckleberry Ridge Ash)라고 부른다. 또한 오리건 주의 크레이터 호수(Crater Lake)에 있는 분화구의 화산재는 오리건 주와 워싱턴 주로부터 캐나다까지 분포한다. 이를 마자마 화산재(Mazama Ash)라고 부른다. 지질학자들은 이 화산재들이 다음의 지도에서 보여주는 바와 같이 넓은 지역에 분포했음을 발견했으며, 현장에서 화산재의 순서를 조사한 바로는 이들의 폭발 순서도 앞에 나열된 순서였던 것으로 보았다.

이중 옐로스톤 화산이 가장 큰 규모로 여겨지는데, 20세기 최대의 화산이라고 불리며 1980년에 폭발한 미국 워싱톤 주의 세인트헬렌 산(Mount St. Helens)의 것보다 2,000배 이상 큰 슈퍼 화산이다! 비숍 폭발은 이보다 상대적으로 작지만 세인트헬렌 산의 600배가량 되는 규모다.

크레이터 분화구

옐로스톤 분화구

롱밸리 분화구

■ 마자마 화산재
■ 비숍 화산재
∷∷ 라바크릭과 허클베리리지 화산재

빙하시대를 이끌었던 것으로 추정되는
북미 초대형 분화구와 화산재의 분포

이 정도의 화산이 지구상에 연이어 폭발했다면 대기의 기온을 충분히 떨어뜨렸을 것이다. 창조과학자들은 이 화산 폭발들이 북반구의 빙하시대를 이끈 주된 화산 활동이었을 거라고 추정한다. 북미뿐 아니라 다른 지역 역시 아직 지질학적 연구가 덜 이루어져서 그렇지, 이 같은 화산 폭발이 발생했을 것이며, 이들이 서로 연이어 일어났다면 지구 전체의 기온은 아주 **빠르게** 내려갔을 것이다.

모든 지질학자들은 위의 세 화산 활동이 시간적 순서로 볼 때 아주 최근의 것이라고 말한다. 이런 결론을 내리는 것은 위의 화산재들이 기존 지형을 덮고 있는 상태로 관찰되기 때문이다.

순서적으로 볼 때 산, 계곡, 강과 같은 모든 지형이 형성된 후에 이들 화산 폭발이 일어났고, 그때 쌓인 화산재인 것이다. 즉 이 순서는 기존 지형 위에 쌓인 화산재의 선후 관계에서 얻어진 결론이다.

실제로 빙하 자체도 기존 지형 위에 놓여 있다. 남극 대륙이나 북반구에 분포하는 빙하도 마찬가지다. 이런 모습을 보면 눈이 내린 시기도 기존 산들이 모두 형성된 다음이란 결론을 쉽게 내릴 수 있다. 뿐만 아니라 빙하가 쓸고 내려가며 남겨 놓은 빙하의 침식 지형도 모두 기존 지형을 변형시킨 것이다.

즉, 그 순서를 보면 먼저 기존 지형이 만들어졌고, 그 후에 빙하가 누적되었으며, 그러고 나서 그 빙하가 기존 지형을 침식시킨 것이다. 이런 분명한 증거 때문에 지질학자들은 빙하시대가 지질학적 순서로도 아주 최근의 사건으로 보는 것이다.

성경적으로 오늘날 우리가 보고 있는 대부분의 지형은 노아 홍수 때 형성된 것들이다. 특별히 전 지구를 덮었던 물이 바다로 물러갈 때 대규모 침식으로 인해 지금의 산과 강이 형성되었다. 이런 관점에서 볼 때, 기존 지형 위를 덮고 있는 화산재의 원인인 화산도 노아 홍수 이후에 폭발한 것이며, 빙하시대 역시 노아 홍수에 이어서 일어났다는 것을 말해 주고 있다.

기존 지형을 덮고 있는 빙하의 모습

전 지구적으로 일어난 대격변

노아 홍수

노아 홍수는 창조 이래로 지구상에서 가장 큰 물리적 사건이다. 모든 깊음의 샘들이 터지며 시작된 노

아 홍수는 천하의 높은 산이 잠긴 전 지구적인 격변적 심판 사건이다. 노아 홍수는 그 기록상 크게 두

과정으로 나눈다. 물이 점점 증가하며 정점에 도달하는 노아 홍수 전기와, 전 지구를 덮었던 물이 다시

바다로 물러가는 후기로 나눌 수 있다.

노아 홍수는 창조 이래로 지구상에서 가장 큰 물리적 사건이다. 모든 깊음의 샘들이 터지며 시작된 노아 홍수는 천하의 높은 산이 잠긴 전 지구적인 격변적 심판 사건이다. 노아 홍수는 그 기록상 크게 두 과정으로 나눈다. 물이 점점 증가하며 정점에 도달하는 노아 홍수 전기와, 전 지구를 덮었던 물이 다시 바다로 물러가는 후기로 나눌 수 있다.

노아 홍수 전기에는 물이 증가하며 부서진 흙을 이동시켜 지층이 만들어지고, 수많은 생물들이 매몰되어 화석이 형성되었다. 한편 노아 홍수 후기에는 지구 전체를 덮었던 물들이 바다 쪽으로 물러가면서 전기 때 형성된 지층을 침식시키며 오늘날 우리가 보고 있는 산과 강을 남겨 놓았다.

노아 홍수는 시작부터 격변적 과정을 보여 주는데, "깊음의 샘들이 터지며"(창 7:11)라는 표현으로 보아 홍수의 전 과정 동안 화산 활동과 밀접하게 관련이 있는 것으로 보인다. 특별히 홍수 후기에 물이 물러갈 때 바다가 벌어지는 과정 동안에 대양에서 화산이 분출했는데, 오늘날 바다 밑바닥이 모두 용암이 굳어서 된 현무암으로 구성된 것으로 보아 이를 짐작할 수 있다. 이 용암은 홍수 동안에 해수의 온도를 높이는 역할을 했으며, 이어서 도래한 빙하시대의 조건 가운데 필수적인 풍부한 습도의 공급원이 된다.

이런 가능성은 홍수 때 물을 감하시는 과정으로 "바람을 땅 위에

불게 하시매 물이 줄어들었고"(창 8:1)라는 기록에서도 엿볼 수 있다.

물론 이때의 증발과정이 빙하시대의 시작을 의미하는 것은 아니다.

그러나 빙하시대 해석에 가장 어려운 부분인 습도 공급의 실마리를

제공해 주므로, 노아 홍수가 빙하시대 발생에 중요한 역할을 했을

가능성을 시사하는 부분이다.

깊음의 샘들이 터지며 노아 홍수가 시작되는 모습

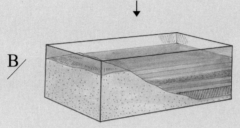

지층이 형성되고 생물들이 매몰되며 화석이 형성되는 노아 홍수 전기 모습

바다가 낮아지고 육지가 융기하며 물이 바다로 빠져나가는 노아 홍수 후기 모습
(더 자세한 그림은 이 책 54쪽의 '노아 홍수 후기 그림'을 참조.)

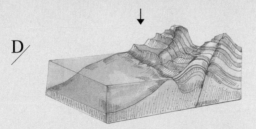

노아 홍수 후기에 물이 바다로 빠져나가며 기존 지층을 침식시킨 후에
남겨놓은 노아 홍수 이후의 모습

노아 홍수 과정

05

다량의 증발을 가져온
따뜻한 대양

빙하시대에 필요한 다량의 강설을 위해서는 높은 온도의 대양이 필수적이며,

그다음에 이 증발된 수증기를 얼게 하는 낮은 기온이 필요하다.

즉 빙하시대는 광역적으로 높은 대양의 온도와 낮은 기온의

적절한 조화가 초래한 결과라 할 수 있다.

빙하시대의 관건은 '눈'에 있다고 강조했다. 그러나 눈은 단지 기온만 내려간다고 형성되는 것은 아니다. 눈은 물이나 수증기로부터 만들어지므로 높은 습도를 요구한다. 그러므로 빙하시대에 들어서기 위해서는 낮은 기온 이전에 대기 중에 그만 한 눈이 쏟아질 수 있는 충분한 수분이 존재해야 한다.

결국 대기 습도의 가장 큰 근원지는 바다이므로, 습도는 대양의 증발량에 따라 좌우된다. 증발량은 대양의 온도가 높을수록 많아지므로, 빙하시대에 필요한 다량의 강설을 위해서는 높은 온도의 대양이 필수적이다. 그다음에 이 증발된 수증기를 얼게 하는 낮은 기온이 필요하다. 즉 빙하시대는 광역적으로 높은 대양의 온도와 낮은 기온의 적절한 조화가 초래한 결과라 할 수 있다.

그러나 일반적으로 기온이 낮으면 해수면의 온도도 함께 낮아지기 때문에, 기온은 낮지만 대양의 온도는 높아야 하는 특이한 조건을 그려 본다는 것이 쉽지 않다. 이런 독특한 조건 때문에 빙하시대가 어려운 연구 대상인 것이다. 추위에 초점을 맞추다 보면 낮아지는 해수 온도가 문제고, 높은 해수 온도에 초점을 맞추다 보면 추운 대기가 문제되는 것이다.

과연 대기 중에 포함되었을 엄청난 양의 물은 어디서 온 것일까? 사실 지구가 수십억 년 되었다는 진화론적 틀 안에서는 다량의 증발은 매우 어려운 문제다. 이들은 지구의 과거를 해석할

* 동일과정설: 자연과정이 오늘날과 같은 속도로 과거에도 일어났다고 하는 사고의 틀이다. 1800년 초에 등장했는데, 지구가 수십억 년 되었다는 생각도 동일과정설의 사고 안에서 얻어진 결과다. 다윈의 진화론도 이 동일과정설을 생물학에 적용하면서 구체적으로 등장하게 되었다. 오늘날 많은 지질학자들은 과거에 지구에 영향을 주는 격변적 과정이 있었다는 생각으로 인식의 전환을 하고 있다.

때 자연과정이 오늘날과 같은 속도로 과거에도 동일하게 일어났다고 하는 동일과정설* 틀 안에서 설명하려 하기 때문이다. 이런 사고의 틀 때문에 빙하시대에 대하여 아직까지 이렇다 할 설득력 있는 이론이 등장하지 못하는 것이다. 지금까지 발표된 빙하시대 이론에 대하여는 뒷부분에서 자세히 다룰 것이다.

먼저 성경적 틀 안에서 접근해 보자. 실제로 성경은 과거 역사가 기록된 책이기 때문에 성경을 통해 시작하면 이해도 쉽고, 기존의 빙하시대의 문제점도 훨씬 쉽게 파악할 수 있다.

만약 성경을 먼저 거론하는 것이 부담되어 진화론적 빙하시대를 먼저 읽고 싶은 독자가 있다면, 기존 빙하시대 이론 부분을 먼저 읽은 후(part.02 진화론이 말하는 빙하시대) 다시 성경적 설명으로 돌아와도 무방할 것이다.

빙하시대의 열쇠는 바로 노아 홍수에서부터 비롯된다. 노아 홍수는 죄악이 가득찼을 때 하나님께서 땅을 파멸시키며 인류를 멸하신 전 지구적인 심판 사건이다. 노아 홍수는 "깊음의 샘들이 터지며"로 시작되는데, 이는 지하수와 함께 지구 내부의 화산이 분출하는 대격변을 의미한다. 이때 분출한 용암들은 해수의 온도를 높였을 것이다. 더욱이 노아 홍수 후기, 즉 전 지구를 덮은 물이 바다로 빠져나가는 과정에서 해수온도가 더 높아졌을 것으로 여겨진다.

왜냐하면 현재 해저는 용암이 굳어서 형성된 현무암으로 구성되어 있는데, 이 용암은 노아 홍수 후기, 즉 대륙이 이동할 때 그 갈라진 틈으로 올라와 해저를 메우며 형성된 것이다. 해저 바닥에 다량 분출된 용암들은 해수온도를 더욱 높였을 것이다. 그리고 이 대양의 높은 온도는 노아 홍수가 끝난 다음에도 한동안 유지되며, 당시 기후를 습하게 만드는 역할을 했을 것이다.

지구상의 물은 지표를 평탄하게 만들었을 때 지구 전체를 평균 2.6km의 두께로 덮을 수 있는 엄청난 양이다. 그러므로 노아 홍수 당시 용암이 다량 분출한다고 해도 바다 전체가 펄펄 끓기는 어렵다. 창조과학자이며 기상학자인 오어드(Michael Oard)는 노아 홍수가 끝날 무렵 해수의 온도를 평균 30°C로 추정했다.*

* Oard, Michael, *The Woolly Mammoth, the Ice Age, and the Bible*, Master Books. 2004. 창조과학 도서로서 빙하시대에 대해 가장 잘 정리한 책으로 꼽는다. 《빙하시대 이야기》에서 오어드의 인용은 이 책을 참고하였다.

사실 이 온도는 정확한 계산에 의해 나온 것은 아니다. 왜냐하면 홍수 당시 용암의 온도, 용암의 양, 바닷물의 양, 해류의 영향 등 변수가 너무 많기 때문이다. 그는 홍수 동안에 물고기가 죽지

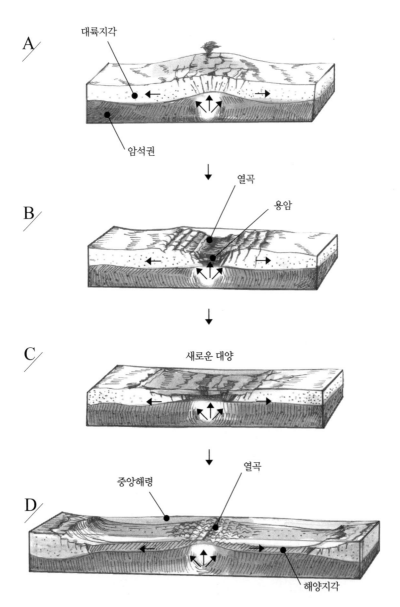

A 대륙지각

암석권

B 열곡

용암

C 새로운 대양

D 중앙해령 열곡

해양지각

노아 홍수 후기에 해저가 갈라지며 대양 바닥에서 용암이 분출하는 모습.
이 용암은 바닷물의 온도를 높이는 중요한 역할을 했을 것이다.

않았을 온도의 상한선을 갖고 시작했다. 이 30℃는 홍수 동안에 물고기가 죽지 않을 정도의 온도다. 오늘날 해수온도는 평균 약 4℃다.

해수온도와 대기온도 차가 클수록 증발은 빨라진다. 즉 해수의 증발은 해수온도가 높을수록, 대기온도가 낮을수록 빨리 일어난다. 특별히 증발이 빨리 일어나기 위해서는 무엇보다도 높은 해수온도가 아주 중요하다. 예를 들어 해수와 대기의 온도 차를 10℃, 상대습도*를 50%로 고정시킬 경우, 해수 표면의 온도가 0℃일 때보다 30℃일 때 7배가량 더 증발이 잘 된다. 한편

* 상대습도: 일반적으로 기온에 따라 포화수증기의 양이 달라진다. 기온이 높으면 공기 중의 포화수증기 양도 높아진다. 이를 고려해서 어떤 온도에서의 포화수증기에 대한 비를 상대습도라 한다. 보통 일기예보에서 습도라고 하면 이 상대습도를 의미한다.

이 증발 과정은 해수온도를 점점 낮추는 과정이기도 하다.

엘니뇨 현상이라는 용어를 들어 본 적이 있을 것이다. 대양의 온도가 수개월간 평균보다 0.5℃ 이상 높아지는 현상을 말한다. 단지 대양이 0.5℃ 이상 상승했음에도 해수의 증발이 빨라져서 그 주변 지역에서는 정상보다 훨씬 많은 강우가 내린다. 만약 노아 홍수의 영향으로 대양의 온도가 30℃나 올라갔다면 이와 비교할 수 없는 다량의 증발이 일어났을 것이다. 그리고 이 다량의 수증기가 앞에서 다룬 대규모의 화산 폭발로 인해 낮아진 온도의 대기와 만났다면 엄청난 양의 눈으로 변해 지구상에 폭설을 내렸

을 것이다.

그러나 홍수 직후에는 노아 홍수 때 화산 폭발의 잔재가 남아 있었다 할지라도, 대양의 온도가 너무 높아 대기가 따뜻했을 것이므로 증발된 수증기는 눈이 아니라 비로 내렸을 것이다. 그러다가 대양의 온도가 낮아지면서 눈을 형성시킬 조건에 점점 가까워졌을 것이다. 오어드는 이런 상황을 고려해서 대양의 온도가 약 20℃에 도달했을 때부터 강설이 가능했다고 보고 있다. 물론 이는 앞에서 언급된 대규모의 화산 활동이 수반되었을 경우를 말한다. 아울러 그는 이런 점들을 고려할 때 본격적인 강설은 바

해안가에는 비, 내륙에는 눈이 내렸다.

닷물의 온도가 20°C 정도로 내려간 노아 홍수가 끝난 후 200년 경부터 시작되었다고 보고 있다. 이때 강설은 따뜻한 해수온도의 영향을 받는 바닷가보다는 바다에서 어느 정도 거리를 둔 곳부터 시작하여 점점 내륙까지 확장되었을 것이다. 실제로 해안가는 빙하시대 내내 따뜻한 바닷물의 영향으로 눈보다는 비가 많이 내렸을 것으로 보인다. 이런 추론은 빙하 지형을 통해 확인할 수 있는데, 빙하 지형의 분포를 보면 바닷가에는 빙하의 흔적을 찾기 힘들다.

오늘날에는 물의 순환과 평형 때문에, 한쪽에 강우가 많으면 다른 한쪽에는 가뭄이 있게 마련이다. 그러므로 빙하시대를 설명할 때 필수적인 전 지구적인 높은 습도는 가장 어려운 조건이다. 그러나 노아 홍수 때의 높은 해수온도는 이에 대한 분명한 근거를 제공해 줄 뿐 아니라, 실제로 노아 홍수를 고려하지 않고는 다른 대안을 찾기 어렵다. 다시 말해 노아 홍수를 통하여 가장 어려운 조건인 전 지구적인 높은 습도가 충분히 설명된다. 이 엄청난 양의 수증기가 연속적으로 수개 또는 수십 개의 거대한 화산 폭발로 온도가 낮아진 대기와 만났을 때를 상상해 보라. 얼마나 어마어마한 강설이었을 것인가?

06

노아 홍수와
빙하시대의 징검다리인
습윤사막

사하라 사막에서도 코끼리, 기린, 버펄로, 영양, 코뿔소 등이 발견되며,

심지어 사람의 유골, 예술품, 도자기, 도구들이 발견된다.

이는 이 메마른 사막들이 최근까지도 다양한 생물들과 사람들이 살 만큼

좋은 환경이었음을 보여 주는 증거들이다.

여기서 노아 홍수와 빙하시대의 연관 관계를 이해하기 위해 반드시 짚고 넘어가야 할 한 가지를 다루어 보자. 바로 '습윤사막' (wet desert)이다. 습윤사막이란 지금은 사막이지만 과거에는 사람과 동물이 살기에 적합하도록 충분히 비가 내려 사막이 아니었던 지역을 말한다. 실제로 지금의 모든 사막은 과거에는 비가 적당히 내려 사람과 동물이 살기에 어려움이 없던 곳이라는 흔적을 보여 준다. 즉 과거에는 오늘날과 같은 사막이 없었다는 것이다.

오늘날 가장 광활한 사막인 사하라 사막에서도 코끼리, 기린, 버펄로, 영양, 코뿔소 뼈 등이 발견되며, 심지어 사람의 유골, 예술품, 도자기, 도구들이 발견된다. 이들 동물의 화석과 뼈들을 보면 현재 추운 곳에서 거주하는 동물들과 따뜻한 곳에서 거주하는 동물들의 것이 함께 발견됨을 볼 수 있다. 사하라 사막뿐 아니라 아시아의 고비 사막, 북미의 모하비 사막 등 모든 사막의 공통된 모습이다. 이는 이 메마른 사막들이 최근까지도 다양한 생물들과 사람들이 살 만큼 좋은 환경이었음을 보여 주는 증거들이다.

이 습윤사막도 노아 홍수의 여파로 형성되었다고 보면 궁금증이 어렵잖게 해소될 수 있다. 왜냐하면 홍수 후에 따뜻한 대양에서 증발하는 수증기로 인해 지구 전체에 골고루 비가 내려 대지를 적셨고, 이로 인해 추위와 더위가 지금과 같이 극심하지 않은

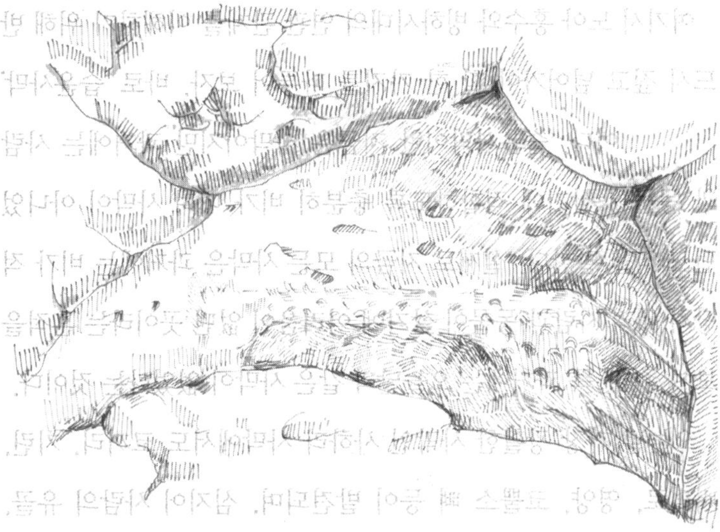

사하라 사막에서 발견된 기린 암각화

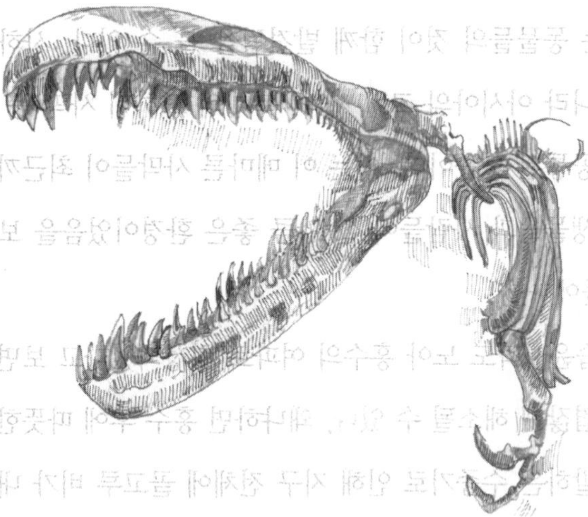

사하라 사막에서 발견된 공룡 뼈

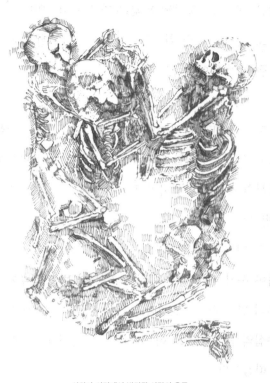

사하라 사막에서 발견된 사람의 유골

환경이었을 것이기 때문이다. 홍수 직후 당시 따뜻하던 대양은
증발과정을 통해 수온을 낮추고 있었을 것이다. 그리고 어느 시
점에 화산 폭발로 인해 기온이 낮아졌을 때 비가 눈으로 바뀌며
빙하시대를 맞이했을 것이다. 따라서 이 습윤사막은 노아 홍수
직후와 빙하시대 사이를 설명할 수 있는 징검다리 역할을 했던
것이다. 노아 홍수로 인해 따뜻해진 대양의 조건과 이를 뒷받침

하는 습윤사막 그리고 때맞춰 낮은 기온을 이끌었던 대규모의 화산 폭발로 이어지는 단 한 번의 빙하시대는 관찰된 지질학적 증거들과 잘 맞아 떨어진다.

만약 지구 전체가 다시 한번 아주 추운 시기를 맞이한다면 빙하시대가 또다시 도래할까? 사실 지구가 빙하시대를 이끌 만한 이런 독특한 조건을 발생시키고 유지시킨다는 것은 쉬운 일이 아니다. 빙하시대는 '눈'이 많이 내린 시기이기 때문이다. 즉 기온은 낮지만 대양은 높은 온도를 유지해야 하는 아주 어려운 조건을 맞아야 하기 때문이다. 이런 조건을 한 번도 갖추기 어려운데 수십 번의 빙하시대가 있었다고 하는 것은 더욱 어렵다. 단지 지구가 수십억 년 되었다고 하는 진화론적 편견에서 비롯된 무리한 해석일 따름이다.

한국에 사막이 없어서 그렇지 오늘날 사막은 그리 특별한 곳이 아니다. 미국에서 한국 사람들이 많이 거주하는 LA도 내륙 쪽으로 두 시간만 들어가면 몇 시간을 차를 타고 달려도 끝이 안 보이는 황량한 모하비 사막(Mojave Desert)이 펼쳐져 있다. 이 모하비 사막은 북미의 남캘리포니아, 애리조나, 유타, 네바다에 걸쳐 넓게 분포해 있다. 미국뿐 아니라 아프리카의 사하라 사막, 몽골과 중국의 고비 사막, 중동의 대부분 지역, 호주 내륙의 사막 등 육지

오늘날 사막의 분포

의 3분의 1이 광활한 사막 지역이다. 단지 사막만이 아니라 지구의 나머지 부분도 열대지방, 빙하, 동토 등으로 이루어져 있어 사람이 살기에 아주 좋은 기후는 아니다. 그나마 사람이 살 만한 곳이라고 할지라도 1년 내내 온도 차가 그리 크지 않아 항상 좋은 기온을 유지하는 곳은 거의 없다.

노아가 방주에서 나왔을 때 하나님께서 '추위와 더위'(창 8:22)에 대한 언급을 하셨지만, 습윤사막으로 볼 때 홍수 직후 추위와 더위는 지금보다는 온도 차이가 훨씬 적은 추위와 더위였음을 알 수 있다. 그러나 노아 홍수 직후 빙하시대가 도래하기 이전에는 대기 중의 넉넉한 습기로 인해 거의 대부분의 지역이 이런 극심한 기후가 없던 지금보다 좋은 환경이었을 것이다.

오늘날 살아 있는 모든 인류는 아담과 하와의 후손이다. 그러나 더 좁히면 결국 홍수 심판 때 구원받은 노아의 후손이다(창 9:19). 홍수 심판 때 한 명도 빠짐없이 모두 죽었으며, 그때 구원받은 자들은 단지 방주에 탔던 노아의 가족 여덟 명이 전부이기 때문이다.

이들이 방주에서 나왔을 때, 하나님께서 그 구원받은 가족이 살도록 허락하신 땅은 우리가 살고 있는 지금보다 훨씬 좋았다. 그리고 사막, 빙하, 동토, 극심한 추위와 더위가 있는 오늘날의 지구 환경은 모두 노아 홍수 이후에 발생한 빙하시대의 산물로 볼 수 있다. 그렇다면 이 환경을 악화시킨 빙하시대는 왜 일어난 것일까? 인류가 어떤 잘못을 저지른 것은 아닐까? 앞으로 이 책을 통해서 다루어질 내용이다.

07

빙하시대의 절정기는
언제인가?

처음에는 높은 해수면의 온도로 눈이 내리기보다는 비가 내렸으며,

어느 정도 시간이 경과해 해수온도가 약 20℃가 되었을 때부터

본격적인 강설이 시작되어 약 10℃에 이르렀을 때

빙하시대가 절정에 도달했을 것이다.

빙하시대의 조건을 한마디로 요약하면 낮은 기온과 다량의 증발이다. 그러므로 빙하시대의 절정은 이 두 조건의 적절한 조화가 이루어졌을 때일 것이다. 그리고 이런 최고의 조건에서 벗어나면서 강설이 둔화되고 결국 급격한 해빙으로 접어들었을 것이다.

노아 홍수 직후에는 해수의 온도가 높으므로 화산 폭발이 발생했다 할지라도 눈보다는 비가 더 많이 내렸겠지만, 시간이 흘러 해수의 온도가 떨어지며 증발량은 다소 줄어들었을지라도 그 내려간 기온 때문에 수증기들은 눈으로 전환되었을 것이다.

다시 말하면, 처음에는 증발은 많았지만 높은 해수의 온도로 기온도 높아 눈보다 비가 더 많이 내렸을 것이다. 그러나 증발은 곧 해수의 온도를 낮추는 과정이기 때문에 시간이 지남에 따라 해수의 온도는 낮아지고 증발량이 감소했을 것이다.

한편 증발량은 감소했지만 낮아진 해수온도로 인해 기온도 함께 낮아져서 어느 시점부터 비보다는 눈이 더 많이 내렸던 시기가 있었을 것이다. 그리고 해수온도, 증발량, 기온이 가장 적절하게 조화를 이루었을 때가 빙하시대의 절정기였을 것이다.

오어드는 이런 점을 고려하여 홍수가 끝났을 때 해수면의 온도를 약 30°C로 했을 경우 처음에는 높은 해수면의 온도로 눈이 내리기보다는 비가 내렸으며, 어느 정도 시간이 경과해 해수온도가 약 20°C가 되었을 때부터 본격적인 강설이 시작되어 약 10°C에 이르렀을 때 빙하시대가 절정에 도달했을 것으로 보았다.

오늘날 해수면의 평균 온도는 약 4°C다. 오어드는 빙하시대의 절정기를 홍수 후 약 500년으로 보았다. 물론 이런 숫자들은 정확한 계산이 가능한 것은 아니다. 빙하시대가 성경적 틀에서 노아 홍수 이후의 과정으로 설명이 가능하다고 볼 때 추정해서 나온 수치다.

빙하시대 전문가들은 당시 얼음의 최고 두께는 지금 남북극의 최고 두께인 3,000~4,000m와 크게 다르지 않았을 것으로 본다. 즉 빙하시대는 빙하 두께가 오늘날 우리가 보고 있는 것과 비슷

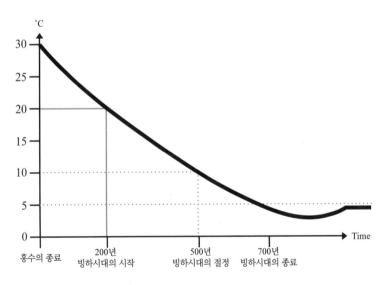

해수의 평균 온도 변화

하지만 면적이 훨씬 넓었던 시기를 말한다. 북반구의 얼음 평균 두께를 약 700m로 보는데 이를 홍수 직후부터인 500년으로 나누면 매년 평균 1.4m 두께의 얼음이 누적될 때 가능한 수치다. 이 양은 현재 북위 40도 이상 지역의 평균 강설의 3배에 해당한다. 한편 남반구의 경우는 평균 두께를 약 1,200m로 볼 때 매년 2.4m의 얼음이 누적될 때 가능한 두께다. 물론 이 수치들은 모두 여름에도 녹지 않았다는 가정하에 나온 것이다.

이와 같이 얼음이 누적되는 속도를 보더라도 빙하시대가 오랜 세월일 것이라는 가정이 꼭 필요한 것이 아님을 알 수 있다.

빙하시대 당시의 빙하 분포를 보면 알겠지만, 빙하시대 절정기라고 해서 지구 전체가 눈이 왔던 것은 아니다. 지금의 적도 부근은 눈보다는 비가 더 많이 내렸을 것이다. 눈이 내렸을지라도 여름을 넘기지 못하고 모두 녹아 버렸기 때문에 다음 해 겨울까지 얼음을 남겨 놓지 못했을 것이다. 또한 지역적으로 바닷가 부근은 따뜻한 해수의 영향으로 빙하시대 내내 눈보다는 비가 더 많이 내렸을 것이다.

Part. 02

진화론이 말하는 빙하시대

연대 측정 방법은 데이터가 아니라 불행하게도 대부분은 '해석'으로 채워져 있다.

그래서 어디까지가 해석이고 어디까지가 사실인지를 분간하기 어렵다. 그럼에도

많은 과학자들을 현혹시키는 천문학적 이론을 비롯한 진화론적 빙하시대 이론이

지금까지 끊임없이 제기되는 이유는 그것이 문제가 많은 허약한 이론일지라도 없

는 것보다 낫다고 여기기 때문일 것이다. 그러나 빙하시대를 오랜 지구의 틀에서

설명하려는 과학자들은 어떤 합리적 설명도 갖고 있지 못하다. 지금까지 60개 이

상의 빙하시대 이론이 제안되었지만, 모두가 가능성이 희박하거나 서로 모순된다.

01

빙하기는
여러 번 있었을까?

빙하시대 화석의 거의 대부분은 마지막 빙기에 매몰된 것들이다.

이는 해빙도 마지막 한 번밖에 경험하지 않았음을 의미한다고 할 수 있다.

해빙기가 한 번이라면 간빙기는 없었으며 빙하시대도 단 한 번뿐인 것이다.

여기서 기존의 빙하시대 이론을 점검해 볼 필요가 있다. 1800년 중엽까지 과학자들은 단 한 번의 빙하기만 있었다고 믿었다. 그러나 1800년대 초 당시 지구가 오래되었다는 동일과정설의 영향을 받으면서부터 지구가 지난 역사 동안에 몇 번의 빙하기를 겪었다는 생각이 등장하기 시작했는데, 1900년에 들어서면서 4번의 빙기(glacial age)와 그 사이에 3번의 간빙기(interglacial age)가 있었다는 것으로 정착되었다. 빙기는 눈이 많이 내려 넓은 지역에 빙하가 덮인 일반적인 빙하시대의 기간을 말하며, 간빙기는 상대적으로 온난하여 빙하의 부피와 너비가 줄어들며 빙하의 분포가 극지방 쪽으로 후퇴했다고 추정되는 기간을 말한다.

그러나 1970년대에 이 4번의 빙기 이론은 30회 이상의 빙기와 간빙기가 반복되었다는 이론으로 대체되었다. 오늘날에는 250만 년 전에 빙하기가 시작되어 약 십만 년 단위로 빙기와 간빙기가 규칙적으로 있었으며, 마지막 빙기는 1만 년 전에 끝이 나 빙하가 녹기 시작하여 지금에 이르렀다고 여긴다. 2008년 개봉된 영화 〈10,000 BC〉라는 제목은 이 생각에서 나온 것이다. 즉 마지막 빙하기 이후를 그린 영화라는 의미다.

초창기에 4번의 빙기가 있었다는 이론이 설득력을 갖게 된 이유는 빙하와 빙하 사이에 간빙기를 의미하는 돌과 흙이 섞인 토양이 발견되었기 때문이다. 즉 이 토양은 간빙기, 즉 빙하의 너

비가 줄어들며 양극 쪽으로 후퇴하는 동안에 땅이 다시 드러나며 형성된 토양이다.

만약 여러 번의 빙하기가 있었다면, 이 드러난 토양은 빙기 때는 다시 얼음에 덮였다가 간빙기 때는 다시 드러났을 것이다. 그리고 빙기와 간빙기가 반복될 때마다 얼음과 얼음 사이에 이런 결과에 의한 토양의 흔적을 남겼을 것이다. 실제로 빙하 연구가들에 의해서 간빙기의 것이라고 여겨지는 토양이 발표되기도 했다. 그러나 더 자세한 연구가 진행되자 이 토양이 실제 토양인지 아닌지 의문이 제기되었고, 지금은 전형적인 토양이라고 보기는 어렵다는 것으로 결론이 났다.

야외 조사에서 관찰되는 이런 빙하 퇴적물을 빙력토(till)라고 하는데, 진화론자들이 말하는 만 년이라는 긴 간빙기 과정이 실제로 존재했다면, 빙하와 빙하 사이에 이런 과정을 겪었던 확실한 흔적의 빙력토가 발견되어야 할 것이다. 그러나 빙하 사이에 이런 확실한 빙력토는 실제로 발견되지 않는다. 즉 간빙기라는 개념은 빙하가 오랜 세월 동안 형성되었다는 선입견에서 등장한 것인데, 예상을 먼저 하고 증거를 찾으려는 자세에서 비롯된 것이라고 할 수 있다. 그러나 아직 빙하 사이에 이를 뒷받침할 만한 빙력토는 존재하지 않는다.

빙력토에 관한 또 다른 문제점은 실제 빙력토의 거의 대부분이 마지막 빙기의 것이라는 점이다. 어떤 면에서는 이 부분이 여러 번의 빙기를 겪었다고 여기는 이론의 가장 치명적인 문제점이라고 할 수 있다. 만약 여러 번의 빙기가 있었다면 여러 번의 빙력토가 어느 정도 균등하게 존재해야 당연한데 실제로는 그렇지 않으며, 가장 마지막 빙기의 빙력토뿐이다.

화석에 대한 증거도 빙력토와 동일한 결과를 보여 준다. 빙하시대에 형성되는 화석도 빙력토와 마찬가지로 대부분이 빙하가 녹으며 후퇴할 때인 해빙 때 형성되는 것으로 보는데, 만약 여러 번의 간빙기가 있었다면 빙력토와 함께 그때마다 형성된 화석이 남아 있어야 할 것이다. 그러나 실제로 간빙기라고 하는 시기의 화석은 존재하지 않는다.

빙하시대 화석의 거의 대부분은 마지막 빙기에 매몰된 것들이다. 화석의 거의 대부분이 마지막 빙기의 것이라면 이는 해빙도 마지막 한 번밖에 경험하지 않았음을 의미한다고 할 수 있다. 해빙기가 한 번이라면 간빙기는 없었으며 빙하시대도 단 한 번뿐인 것이다. 화석에 대한 이 부분은 빙하시대 화석으로 가장 잘 알려진 매머드에 대한 부분에서 더 자세히 다룰 것이다.

다른 하나는 이 빙력토를 구성하고 있는 퇴적물의 양상이다. 이 빙력토는 해빙이 일어날 때 기존의 기반암을 침식하고 운반하여 퇴적된 것들이다. 그런데 빙력토를 구성하고 있는 암편(돌조각)

들은 모두가 그 근처의 기반암과 동일하다. 즉 이 빙력토는 모두가 침식된 지역 가까이서 왔다는 것을 의미한다. 만약 그동안 수십 번의 간빙기가 있었다면 그때마다 녹았던 얼음들이 이들 빙력토를 밀어 아주 멀리까지 이동시켜야 하는데 모두가 기반암 근처에 존재한다.

넓은 범위에서 빙하 지역의 분포를 그려 보면 흥미로운 점이 발견된다. 광범위한 빙하 지역 내에는 국부적으로 빙하의 흔적이 전혀 보이지 않는 곳들이 발견된다. 대표적인 예가 미국의 위스콘신 주의 남서 지역이다. 주위가 빙하 지역으로 빙 둘러싸여 있지만 이 지역만큼은 빙하를 경험한 흔적이 전혀 없다. 만약 여러 번의 빙하기를 경험했다면 참으로 독특한 일이 아닐 수 없다. 과연 수백만 년 동안 수십 번의 빙하기가 도래했는데 어떻게 이곳만 안전하게(!) 빙하로부터 보호를 받았단 말인가?

빙하기에 대한 기상학적 조건상 한 번의 빙하시대가 오는 것도 쉽지 않다. 그 이유 중 하나는 빙하가 유지되려면 여름을 잘 견뎌야 하는 조건이 필수적이기 때문이다. 예를 들어 여름에 빙하가 녹지 않고 견디려면 북미의 경우 −7°C는 되어야 하는데 이는 정상보다 28°C나 차이 나는 낮은 온도다. 그리고 수백만 년의 빙하시대를 믿는 사람들의 말에 의하면, 이런 상황이 수천 년 동안 지속돼야 한다. 이와 같이 한 번의 빙하기도 어려운데 여러 번의 빙

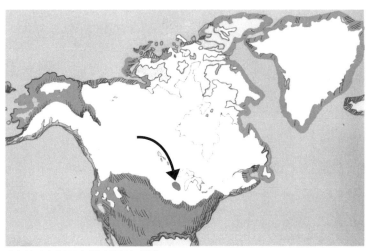

빙하시대 절정 당시 북미 지역의 빙하 분포(흰색).
미국의 위스콘신 주의 일부 지역(파란 부분)은 빙하 지형이 전혀 발견되지 않는다.

하기가 온다는 것은 결코 쉬운 일이 아니다. 그러므로 빙하에 대한 모든 증거와 가능성은 빙하시대가 단 한 번 있었다는 틀에 잘 맞아떨어진다. 단지 지구가 수십억 년 되었다는 편견만이 여러 번의 빙하기를 겪었다는 개념을 고집하게 만들 뿐이다.

02

빙하시대는 수백만 년 동안
지속되었는가?

과학자들은 얼음 코어를 통해 그린란드와 유럽의 경우

최대한 16만 년 정도 된 것으로 계산했다. 과연 이 하나의 얼음 층이

한 해를 의미한다고 단정 지을 수 있을까? 결국 하나의 얼음 층을

1년으로 취급할 것인지 아닌지가 가장 중요한 관건이다.

오랜 지구 나이를 믿는 과학자들은 빙하기가 수백만 년 동안 지속되었다고 주장한다. 이들이 빙하시대를 이렇게 긴 기간이라고 여기는 근거로서 첫 번째 이유는 역시 지구가 오래되었다는 편견에서 비롯된다. 이들은 눈이 쌓인 후 압력에 의해 얼음이 된 층 하나를 1년 동안 쌓였다고 추정하여 층의 개수를 헤아림으로써 경과된 연수를 알 수 있을 것으로 여긴다. 실제로 그런 층은 맨눈으로 관찰되며 층마다 화학적 차이를 보이기도 한다. 과학자들은 빙하를 수직으로 뚫어서 뽑아 낸 얼음 코어를 통해 그 얼음 층의 개수를 세는데, 이를 통해 그린란드와 유럽의 경우 최대한 16만 년 정도 된 것으로 계산했다.

그러나 과연 이 하나의 얼음 층이 한 해를 대표한다고 단정 지을 수 있을까? 혹시 한 해 동안에도 여러 얼음 층이 만들어질 수 있는 것은 아닐까? 결국 이 두꺼운 얼음 기둥에서 하나의 얼음 층을 1년으로 취급할 것인지 아닌지가 가장 중요한 관건이다. 실제로 이런 얼음 층은 수주에서 수개월까지 눈이 내리며 지속적으로 반복되어 형성될 수 있다. 눈이 내리는 겨울 내내 동일하게 추운 것도 아니며, 낮과 밤의 기온 차이를 겪기 때문이다. 대규모 눈보라나 눈 더미로 인해 한 해 동안에도 여러 얼음 층이 만들어질 수 있으며, 단지 며칠 동안의 짧은 기간에도 다양한 얼음 층이 형성될 수 있다.

얼음 코어

여러 얼음 층이 짧은 시간에 형성된다는 실제 예가 있다. 1942년 2차 세계대전 당시 미국에서 영국으로 향하던 8대의 전투기와 폭격기가 연료가 부족하여 그린란드 동해안으로부터 17마일 떨어진 지역에 버리고 온 적이 있다. 수십 년이 지난 1981년 그 항공기들을 찾아달라는 당시 대원들의 의뢰에 따라 눈 아래 묻힌 비행기를 수색하기 시작했다. 금속 탐지기 등을 이용하여 수색을 했지만 찾지 못하다가 7년이 지난 1988년 당시 비행기들 중에 하나인 P-38전투기를 발견했는데, 자그마치 78m 두께의 얼음 아래에서 발견했다. 46년 만에 26층 건물 높이인 78m의 얼음이 쌓인 것이다.

그러면 매년 약 1.7m 두께의 얼음이 형성되었다는 것이며, 이를 눈으로 환산하면 매년 약 5m에 해당하는 강설이다. 더군다나 당시 그곳에 있던 로버트 칼딘이란 사람은 그 비행기 위에 수백 개의 얼음 층이 있었다고 증언했다. 만일 이 비행기를 보지 않고 얼음 층의 개수만을 가지고 연대를 측정했다면 수백 년이 경과했다고 말했을 것이다.

오늘날에도 그린란드와 남극에서 지역적인 강설에 의해 얼음이 누적되기도 하는데, 지금보다 훨씬 많은 눈이 내렸을 빙하시대에는 더 짧은 시간에 많은 얼음 층을 만들었을 것이다. 사실 빙하시대가 수백만 년 동안 반복되었다는 편견만 버리면 오랜 기간이라는 해석을 무리하게 도입할 필요가 없을 뿐 아니라 설득력도 없다.

과학자들이 하나의 얼음 층이 1년 동안 쌓였다는 것을 확인하기 위해 사용하는 가장 일반적인 방법이 산소 동위원소 방법이다. ^{18}O(산소 18)과 ^{16}O(산소 16) 사이의 변화에 근거한 방법이다. 원리는 간단하다. 무거운 ^{18}O을 가지고 있는 물(H_2O)은 상대적으로

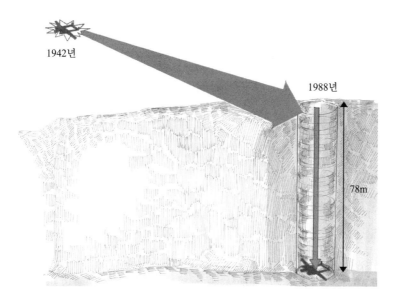

1942년

1988년

78m

46년 전에 추락한 비행기 위에 쌓인 78m의 얼음

가벼운 ^{16}O를 포함하는 물 분자보다 증발이 어렵다. 그러므로 바닷물 속에 포함된 ^{18}O을 증발시키기 위해선 더 높은 해수의 온도가 필요하다. 그리고 이때 증발된 수증기가 눈으로 변했을 경우 그 눈은 상대적으로 높은 농도의 ^{18}O를 포함할 것이다. 그러므로 따뜻한 날씨에는 해수의 온도도 높으므로 이때 쌓인 눈은 높은 농도의 ^{18}O를 포함하고, 추운 날씨에는 해수의 온도도 낮으므로 이때 쌓인 눈은 상대적으로 낮은 ^{18}O를 포함할 것이다.

이를 근거로 과학자들은 얼음 속에 있는 ^{18}O과 ^{16}O의 비율을 비교해서 높은 ^{18}O을 가진 얼음 층은 여름에 쌓인 것이고 낮은 ^{18}O을 가진 얼음 층은 겨울에 쌓인 것으로 판단한다. 즉 하나의 얼음 층에 ^{18}O의 농도가 높은 얼음 층과 낮은 얼음 층이 교대로 나타나는 것을 1년으로 추측하는 것이다. 실제로 과학자들은 여러 번의 빙기와 간빙기가 있었다고 하는 증거로 이 산소 동위원소 농도 결과를 많이 인용해 왔다.

이 방법은 원리 자체만 보면 흥미롭다. 그러나 이 원리를 실제 얼음 층에 적용하는 데는 심각한 가정들이 필요하다. 가장 큰 문제는 과연 이 얼음 속에 있는 산소 분자가 눈이 쌓인 이래로 제자리에 그대로 머물러 있느냐 하는 것이다.

실제로 산소들은 시간이 지나면서 얼음 속에서 흩어져 버린다. 특히 계속 누적된 상부의 눈에 의해서 하부에 있는 눈은 압력을 받게 되는데, 이때 용융되었다가 다시 얼음으로 재결정되는 과정이 반복된다. 그렇다면 눈 속에 있던 ^{18}O과 ^{16}O이 움직이지 않고 제자리에 그대로 있을 것이라는 무리한 가정이 아닐 수 없다. 그러므로 동위원소 비율에 의한 얼음 코어의 연대 측정은 이론적으로는 흥미로울지 모르나 실제 적용하기에는 심각한 문제점이 있다.

실제로 산소 동위원소가 얼음 속에서 이동된다는 것은 학자들 사이에서 오랫동안 제시돼 온 문제점이다.

창조과학자들은 빙하시대가 노아 홍수에 이어서 발생한 것으로 본다. 홍수 후 200년경부터 빙하시대에 접어들었으며, 이때 광역적인 화산 활동이 빙하시대를 이끈 주된 역할을 했을 것으로 본다. 그러므로 ^{18}O과 ^{16}O의 변화는 계절 변화를 보여 주는 것이 아니라 불안정한 대기로 인해 성층권 안에 있는 화산재의 다양한 변화에 기인한 것이라고 해석될 수 있다.

03

가장 인기 있는
천문학적 빙하시대 이론

천문학적 이론뿐 아니라 모든 빙하시대 이론은

한결같이 차가운 대기에만 초점이 맞춰져 있지, 대기 중으로 충분한 수분을

공급해 주어야 할 따뜻한 대양을 설득력 있게 설명하지 못한다.

앞에서 관찰된 빙하의 증거들은 오랜 기간 동안 여러 번의 빙하기가 있었다는 이론과 일치하지 않음을 보여 주었다. 그럼에도 불구하고 오랜 지구를 믿는 과학자들이 의지하는 빙하시대 이론이 하나 남아 있다. 이 이론은 빙하시대가 어떻게 시작되었으며, 수백만 년 동안 어떻게 규칙적으로 반복되어 왔는가를 설명한 이론들 중 오늘날 가장 인기 있는 이론으로 꼽힌다. 바로 '천문학적 빙하시대 이론'(Astronomical Theory of the Ice Ages)이다. 이 이론은 빙하시대에 관한 책이나 영화에서도 자주 등장하므로 일반인에게도 잘 알려져 있다. 사실 이 천문학적 이론이 현재 빙하시대에 관해 남아 있는 유일한 이론이라고 해도 과언은 아니다.

이 이론을 간단하게 설명하자면, 지구가 태양 주위를 공전할 때 원에 가까운 궤도를 돌다가 타원에 가까워지는 궤도로, 그리고 또 타원에 가깝다가 다시 원으로 약간씩 주기적으로 변화한다는 천문학자들의 이론에서 비롯되었다. 그리고 이 주기를 약 10만 년으로 추정했다. 또 자전축도 22.1도에서 24.5도 사이를 주기적으로 왔다 갔다 반복한다는 이론도 나왔다. 이 자전축의 순환 주기는 약 4만 년으로 추정되었다. 이와 같은 천문학적인 순환 주기가 지구 기후에 영향을 주어 빙하시대를 주기적으로 발생시켰다고 하는 것이 천문학적 빙하시대 이론이다.

천문학적 이론은 1800년대 말 크롤(James Croll)에 의해 처음 제안됐다. 이 이론이 등장하자 과학자들은 여러 번의 빙하시대와 오랜 지구 나이에 대한 믿음을 증명한 것처럼 반겼으며, 마지막 빙하기는 7만 년 전에 끝났다고 여기게 되었다. 이후 이론상의 큰 진전이 없다가 1930년대 세르비아 기상학자인 밀란코비치 (Milutin Milankovitch)의 연구를 통해 재등장하며 빙하시대가 약 1만 8000년마다 최고조에 달했던 것으로 받아들여졌다. 그러나 이 이론은 후에 밀란코비치가 자신의 이론을 교묘하게 조작한 것이 발각되자마자 기상학자들로부터 호된 비평과 함께 1950년대에 버려졌다.

그런데 이 버려진 이론이 깊은 바다 밑의 퇴적물 연구에 응용되면서 오랜 지구를 믿는 여러 과학자들의 끈질김으로 또다시 부활

천문학적 빙하시대 이론

되었다. 물론 이 심해 퇴적물 자체도 지구가 오래되었으며 오랜 세월 동안 쌓이고 쌓여서 형성되었다는 생각에 기초하여 해석된 것이다. 그리고 이 심해 퇴적물의 해석을 기반으로 지난 250만 년 동안 대양 지형은 간빙기 동안 완전히 해빙되었다가 다시 빙하기로 접어드는 30회 이상의 빙기와 간빙기를 규칙적으로 반복했다고 결론을 내렸다. 이때 어떤 사람들은 빙하시대의 미스터리가 풀렸다고까지 과장하기도 했다.

많은 과학자들의 열심에도 불구하고, 천문학적 빙하시대 이론은 여러 심각한 문제점을 내포하고 있는데, 대부분은 아주 치명적이다. 먼저 이 천문학적 주기 변화에 의한 태양 복사에너지가 지구에 미치는 영향은 기껏해야 0.75%인데, 이는 빙하시대를 이끌 만큼 기온을 변화시키기에는 아주 미약한 수치다. 실제 고위도의 기온은 태양 빛보다는 거의 대부분 북쪽으로 향하는 대기와 해류의 이동에 의존적이다. 그리고 천문학적 이론을 주장한 사람들은 이 해류의 영향을 거의 무시했다.

이 이론의 또 다른 심각한 문제점은 빙하시대는 북반구와 남반구 양쪽에 동시에 발생해야 한다는 점이다. 그러나 천문학적 공전과 자전을 그려 보면 북반구에서 일조량이 높으면 남반구는 상대적으로 낮게 되고, 또 남반구의 빛의 강도가 높으면 북반구는 낮아지게 마련이다. 천문학적 주기 변화로는 양쪽의 기후 변화가 서로 상대적으로 일어나기 때문에 어떻게 빙기와 간빙기를 동시에 일으켰는지 설명하지 못한다.

실제로 많은 기상학자들은 이 이론의 약점을 잘 알고 있다. 무엇보다 빙하시대는 추위보다는 눈에 대한 문제이기 때문에, 단지 춥다고 발생하는 것이 아니라 눈이 많이 내려야 한다. 하지만 이 이론은 추위의 원인에만 초점을 맞추었지 눈을 내릴 만한 수분의 공급에 대하여는 어떤 이론적 가능성도 제공하지 못하고 있다.

사실 천문학적 이론뿐 아니라 모든 빙하시대 이론의 가장 치명적인 결점이 바로 이것이다. 한결같이 차가운 대기에만 초점이 맞춰져 있지, 대기 중으로 충분한 수분을 공급해 주어야 할 따뜻한 대양을 설득력 있게 설명하지 못하는 것이다. 천문학적 빙하시대 이론도 다른 이론들이 갖고 있는 동일한 문제를 안고 있는 것이다.

그럼에도 불구하고 과학자들은 천문학적 빙하시대 이론을 앞에서 언급한 얼음 코어를 해석하는 데 바로 응용하였다. 수만 년마다 찾아오는 천문학적 주기가 마치 얼음 코어가 오랜 세월에 걸쳐 형성되었다는 것을 보정한 것처럼 말한다. 그러나 얼음 층이 한 해를 의미한다는 얼음 코어 해석이나 천문학적 빙하시대 이론 자체가 모두 잘못된 이론이기 때문에 서로 보정한다는 것 자체가 모순이 아닐 수 없다. 이는 확실치 않은 천문학적 주기와 오랜 지구 나이를 고집하는 사고의 틀 안에서 적절히 손질한 순환 논리일 뿐이다.

그러나 아직도 여전히 많은 책들이 빙하시대를 천문학 이론으로 소개하는 이유를 오어드는 다음과 같이 지적했다.

"사람들은 천문학적 이론이 이토록 허점이 많은데도 어떤 이유로 대중화되었는지 의아해한다. 아마도 심해 퇴적물의 코어 값에 대한 통계가 겉보기에 일치하는 것처럼 보인 것이 대부분의 과학자들을 동요시킨 것 같다. 그러나 심해 퇴적물의 코어와 천문학적 이론 사이에는 많은 문제들이 있다. 실제로 연대 측정 방법은 모두 데이터가 아니다. 불행하게도 대부분은 '해석'으로 채워져 있다. 그래서 어디까지가 해석이고 어디까지가 사실인지를 분간하기 어렵다. 또 하나 대중화된 이유는 빙하시대에 대하여 어떤 설명이 필요한데, 그것이 문제가 많은 허약한 이론일지라도 없는 것보다 낫다고 여기기 때문일 것이다."

빙하시대를 오랜 지구의 틀에서 설명하려는 과학자들은 어떤 합리적 설명도 갖고 있지 못하다. 지금까지 60개 이상의 빙하시대 이론이 제안되었지만, 모두가 가능성이 희박하거나 서로 모순된다.

Part.
03

해빙과
매머드

매머드 화석 중에 독특한 화석이 하나 있다. 음식을 먹던 상황에서 매몰된 매머드로 그 위 속에 열대식물이 그대로 남아 있었다. 이런 류의 매머드는 지금까지 단한 구만 발견되었다. 이 매머드는 해빙 기간이 아닌 열대식물이 존재하던 때, 즉 습윤사막의 흔적이 남아 있던 비교적 빙하시대 초기에 눈사태에 의해서 매몰된 것으로 보인다. 이런 모습은 매머드가 번성하던 시기가 지금의 고위도 지역의 환경과는 전혀 다른 습윤사막 상황이었다는 것을 암시하고 있다. 그러나 빙하가 성장할 때보다 해빙 때 더욱 대규모의 눈사태와 산사태가 발생했을 것이므로 대부분의 매머드 화석은 해빙기 때 매몰되었을 것이다.

01

해빙 때에
무슨 일이 일어났을까?

오늘날에도 미국 북부나 캐나다 지역에서 봄이 되면 비가 내리지 않고 화창한 날씨임에도 홍수로 피해를 입는 경우를 종종 볼 수 있다. 겨울 동안 내린 눈이 녹아 강으로 모여 범람하기 때문이다. 해빙기 때는 이와는 비교할 수 없는 홍수가 한동안 이어졌을 것이며, 이는 인명 피해와 동식물들의 피해로 이어졌을 것이다.

빙하시대는 이제 그 절정을 넘어 해수의 온도가 하강하면서 증발량이 감소하고, 대기 중에 떠 있던 연무질이 제거되어 대기의 온도가 상승함에 따라 강설의 양도 줄어들었을 것이다. 그리고 곧이어서 해빙기로 접어들었을 것이다.

사실 빙하는 누적보다 녹는 과정이 훨씬 빨리 진행된다. 화산재가 점차 사라지고 태양 복사선이 직접 빙하에 닿으면, 빙하가 녹으면서 갈라진 틈은 표면적을 증대시켜 태양열의 흡수를 돕는다. 또한 강설이 그친 후 건조해져서 빙하의 경계 부근에서는 강한 바람이 불며 많은 먼지들이 얼음에 내려앉았을 것이다. 이들은 태양 복사선의 흡수를 증가시켜 더욱 빨리 얼음이 녹도록 촉진시켰을 것이다.

실제로 얼음 위에 먼지가 내려앉은 경우 그렇지 않은 경우에 비해 훨씬 많은 태양 복사선을 흡수하는 것으로 관찰되었다. 이런 먼지가 빠른 해빙에 영향을 주었을 것이라는 예측은 과거 빙하 지역에 황토층이 넓게 존재하는 것으로도 뒷받침된다.

겨울에 쌓인 눈은 따뜻한 봄기운에 빠르게 녹는다. 빙하시대에 두텁던 얼음들도 빙하시대의 조건에서 벗어나면서 빠르게 녹기 시작했을 것이다. 즉 대양의 온도가 떨어지고, 공기 중에 떠다니던 화산재의 연무질이 사라지면서 빙하의 성장은 멈추고 해빙기로 들어섰을 것이다.

지금의 북극과 남극은 빙하시대 이래로 지금까지 강추위가 유지되었으므로 당시 누적되었던 얼음의 양 그대로겠지만, 극지방에서 멀리 떨어진 기온이 먼저 올라간 따뜻한 곳에서는 눈이 빠르게 녹기 시작했을 것이다. 이런 과정을 그려 보더라도 빙하시대 해빙기는 얼음이 누적되는 것보다 훨씬 빠르게 진행됨을 알 수 있는데, 창조과학자들은 해빙 과정이 100년 안에도 이루어질 수 있다고 보고 있다.

해빙 때는 기온이 올라감으로 인해 빙하의 성장기보다 더 많은 눈사태와 산사태가 발생했을 것이다. 수백 미터의 얼음들이 미끄러져서 눈사태가 나고, 이동하는 얼음들은 기존의 계곡들을 더 넓혀 갔을 것이다. 빙하를 이루고 있는 얼음은 보통 얼음과는 비교할 수 없이 밀도가 높고 단단하다. 왜냐하면 기존 얼음보다 훨씬 높은 압력에서 만들어졌기 때문이다.

그런 단단하고 거대한 얼음은 중력에 따라 빠르게 움직이며 기존의 산과 계곡을 깎았을 것이다. 그러므로 높은 곳에 쌓여 있던 엄청난 두께의 얼음은 여러 방향으로 미끄러져 내려가며 뾰족한 호른을 만들고, 어떤 곳은 기존의 산들에 떨어져 움푹 팬 서크도 만들었을 것이다. 또한 대규모의 얼음이 계곡을 타고 내려가면서 바닥과 측면을 깎아 U자 모양의 계곡을 만들었을 것이다. 그리고 이들이 이동하며 계곡의 바닥과 측면에 빠르게 긁고 내려간 흔적을 남겨 놓았을 것이다.

이 빙하가 긁으며 남겨 놓은 매끈매끈한 줄무늬를 찰흔(glaciar striation)이라고 하는데 빙하 지형에서 쉽게 관찰된다. 그리고 이 얼음과 돌과 흙들이 어딘가에 머물러 둑과 같은 빙하 퇴적물인 모레인을 만들었을 것이다. U자 계곡이나 빙하 지형에 가면 오늘날 자연과정으로는 결코 움직일 수 없는 커다란 돌들을 쉽게 관찰할 수 있다. 그리고 대부분은 둥그렇지 않고 각이 져 있다. 이들을 표이석(erratic stone)이라고 부른다. 이들은 빙하가 암벽을 부수며 운반시킨 돌들이다.

빙하시대 해빙 하면 떠오르는 유명한 지질학자가 있다. 바로 워싱턴과 시카고 대학의 지질학 교수였던 브레츠(Harlen Bretz, 1882~1981)다. 그는 워싱턴 주의 그랜드캐니언이라고 불리는 그랜드 쿨리(Grand Coulee)가 빙하시대 해빙기 때 갇혔던 호수의 물이 터져 단 한 번에 형성된 협곡이라는 격변적 해석을 30년 이상 주장하였다.

그러나 당시의 지형 변화를 오랜 시간으로 해석하려는 동일과 정설의 패러다임이 너무 견고해서 그의 주장은 전혀 받아들여지지 않았다. 그러나 사망하기 2년 전인 1979년에 지질학계의 가장 큰 영예인 펜로즈 메달(Penrose Medal)을 받았다. 지질학계가 그의 격변적 모델이 옳다고 받아들인 것이다. 이때 만들어진 그랜

해빙 때의 상상도

드 쿨리 협곡 벽의 높이는 400m나 된다. 이를 통해 해빙기 때 물과 얼음의 양이 얼마나 대단했는지를 그릴 수 있다.

이처럼 해빙기에는 눈과 얼음이 녹으면서 광역적인 홍수의 범람이 있었을 것이다. 골짜기와 기존의 강들에는 어마어마한 물들이 흘렀을 것이고, 어떤 곳에서는 한동안 물이 갇혀 있다가 둑들이 터지는 격변적 사태가 속출했을 것이다.

이 격변은 노아 홍수와 같은 전 지구적인 격변과는 비교할 수 없겠지만, 오늘날 볼 수 없는 광역적인 격변임에는 틀림없다. 이때 단지 물만 흐르는 것이 아니라 크고 많은 얼음 덩어리들도 함께 강을 통해 바다로 흘러들었을 것이다. 이 얼음들은 바닷물의 온도를 더욱 빨리 낮추므로 해수면의 증발을 더욱 억제시켜 해빙을 촉진했을 것이다. 오늘날에도 미국 북부나 캐나다 지역에서 봄이 되면 비가 내리지 않고 화창한 날씨임에도 홍수로 피해를 입는 경우를 종종 볼 수 있다.

2010년 미국 노스다코타 주에서는 갑자기 눈이 녹아 홍수가 일어났다.

겨울 동안 내린 눈이 봄이 되어 갑자기 날씨가 따뜻해지자 빠르게 녹아 강으로 모여들어 범람하는 것이다. 해빙기 때는 이와는 비교할 수 없는 홍수가 한동안 이어졌을 것이며, 이로 인해 인명 피해와 동식물들의 피해도 엄청났을 것이다.

　이제, 지금 우리가 보고 있는 지형들의 형성 과정을 요약할 수 있다. 오늘날 우리가 보고 있는 골짜기와 강폭은 대부분 노아 홍수 후기 때 형성되었으며, 그 후에 일어난 빙하시대의 해빙기를 거치며 거대한 얼음에 의해 깊은 흠집이 나기도 하고 더욱 넓어졌음을 알 수 있다. 그리고 이런 해빙의 과정을 겪은 이후의 지형이 지금까지 거의 변하지 않고 남아 있는 것이다.

02
매머드와
빙하시대 화석

매머드 화석을 보면 다른 화석과 마찬가지로 살아 있을 때 갑작스럽게

매몰된 모습을 보여 준다. 갑작스런 해빙과 함께 불어닥친 모래바람에 의해

모래 속에 갇히거나 광활한 늪지대에 빠져 화석화된 것으로 보인다.

빙하시대와 함께 떠오르는 동물이 있다. 바로 '매머드'(mammoth)다. 어떤 빙하 전문가들은 시베리아를 포함한 북반구 고위도 전역의 동토와 얼음 속에 수백만의 매머드 화석이 있을 것으로 추정하기도 한다. 매머드는 코끼리와 비슷하게 생겼지만 어떤 것들은 코끼리에 비해 훨씬 크다. 그래서 아주 크다는 표현의 형용사로도 사용되곤 한다.

매머드는 크게 두 가지로 나뉘는데 털이 있는 울리(Woolly) 매머드와 털이 없지만 키가 더 큰 컬럼비안(Columbian) 매머드다. 울리 매머드는 키가 3m 정도인 반면 컬럼비안 매머드는 4m가량 된다. 특별히 매머드는 큰 상아(tusk)를 가지고 있는데 길이가 약 3.3m이며 무게가 100kg에 달한다. 매머드에 대한 모든 정보는 화석을 통해 얻은 것인데 얼음 속에서도 발견되기 때문에, 주로 뼈만 있는 다른 화석에 비해 비교적 외모까지 상세히 그려 볼 수 있다.

매머드에 대한 가장 큰 궁금증은 과연 시베리아와 같이 추운 환경에서 이들이 어떻게 생존할 수 있었을까 하는 것이다. 오늘날 시베리아는 여름에는 최고 27°C까지 올라가므로 큰 동물이 살기에 별 어려움이 없지만, 겨울에는 −12~−6°C의 추위 때문에 커다란 포유류가 그리 많지 않다. 더군다나 매머드는 크기로 보아 하루에 180~300kg의 음식물과 140~200 ℓ의 물을 섭취했

매머드

을 것이다. 여기서 물이란 얼지 않은 물을 의미한다. 그렇다고 매머드가 여름에는 시베리아로, 그리고 겨울에는 시베리아를 벗어나 먼 거리의 다른 따뜻한 곳을 왕래하며 생존했다는 것도 상상하기 어렵다.

결론적으로 매머드가 살았을 때 시베리아는 지금보다 훨씬 따뜻했어야만 하며, 아울러 빙하시대와는 전혀 다르게 물과 식물이 풍부했어야 한다. 이런 조건은 오늘날의 시베리아를 보면 결코 상상할 수 없지만, 앞에서 언급된 습윤사막을 그려 보면 충분히 가능하다. 즉 매머드는 노아 홍수와 빙하시대 사이에 존재하던 따뜻하며 전 지구적으로 비가 충분히 내리던 습윤사막 시기에 북반구 고위도 지역으로 이주하여 번성하였음을 의미한다.

매머드의 번성 속도는 아주 빨랐을 것이다. 매머드와 가장 닮은 코끼리를 예를 들면, 오늘날 코끼리 암컷은 13살부터 새끼를 낳을 수 있으며 길게는 70살까지 살 수 있다. 암컷 한 마리가 평생 10마리의 새끼를 낳았다고 가정하고 한 세대를 30년이라고 해보자. 물론 이는 최소한의 새끼를 낳고 한 세대를 아주 길게 잡은 것이다. 그렇다면 빙하시대가 본격적으로 시작된 200년이 되기 전에 이미 7세대를 맞이하기 때문에 천만 마리까지 증가할 수 있다. 즉 산술적으로 보더라도 매머드를 포함해서 많은 동물들은 습윤 기간 동안에 충분히 번성할 수 있으며, 시베리아의 수백만의 화석들은 충분히 존재 가능하다.

매머드 화석을 보면 다른 화석과 마찬가지로 살아 있을 때 갑자스럽게 매몰된 모습을 보여 준다. 어떤 것들은 뼈가 부서진 상태로 발견되었다. 한편 털까지 자세히 보존된 것들도 있다. 이런 매머드 화석들의 대부분은 빙하시대 말기, 즉 산사태나 눈사태가 유난히 많이 발생했을 해빙 때 매몰된 것으로 보인다. 빠르게 이동하는 얼음에 의해 뼈가 부서지기도 하고 그 얼음에 매몰되기도 한 것이다. 몇몇 화석들은 허파 속에 흙이 들어 있는 것으로 보아 숨을 쉬다 질식사한 듯하다. 이런 것들은 갑작스런 해빙과 함께 불어닥친 모래바람에 의해 모래 속에 갇히거나 광활한 늪지대에 빠져 화석화된 것으로 보인다. 이런 매머드 화석의 대부분은 빙하시대 말기, 즉 해빙기의 지층과 얼음에서 발견된다.

발견된 매머드 화석 중에 독특한 화석이 하나 있다. 음식을 먹던 상황에서 매몰된 매머드인데 그 위(胃) 속에 열대식물이 그대로 남아 있었다. 이런 류의 매머드는 지금까지 단 한 구만 발견되었다. 이 매머드는 해빙 기간이 아닌 열대식물이 존재하던 때, 즉 습윤사막의 흔적이 남아 있던 비교적 빙하시대 초기에 눈사태에 의해서 매몰된 것으로 보인다. 이런 모습은 매머드가 번성하던 시기가 지금의 고위도 지역의 환경과는 전혀 다른 습윤사막 상황이었다는 것을 암시하고 있다.

눈사태는 기온이 올라가는 해빙 때 가장 많이 발생했겠지만, 빙하시대 전 기간 동안 지역적으로 계속 일어났을 것이다. 왜냐하면 눈이 쌓이는 동안에도 얼음의 아래 부분은 누적된 무게로 인한 압력으로 액화되었을 것이기 때문이다. 그러므로 빙하시대 전 기간 동안 지역적으로 눈사태가 일어나면서 눈이 계속 쌓였을 것이다.

그러나 빙하가 성장할 때보다 해빙 때 더욱 대규모의 눈사태와 산사태가 발생했을 것이므로 대부분의 매머드 화석은 해빙기 때 매몰된 것이다. 빙하시대 화석으로는 매머드뿐 아니라 다른 육상 동물 화석도 함께 발견되는데, 이들의 화석화된 양상은 매머드와 크게 다르지 않다. 즉 이 화석들도 매머드와 같은 조건하에서 만들어졌음을 알 수 있다.

지구상에서 발견되는 모든 화석을 종합해 보면 재미있는 결과를 얻을 수 있다. 그 빈도수를 보면 전체 화석의 99% 이상이 해양생물 화석이며, 단지 0.0025%만이 육상동물 화석이다. 그리고 이 0.0025% 육상동물 화석의 대부분은 빙하시대 화석이다. 또한 빙하시대 화석의 대부분은 말기, 즉 해빙 때 형성된 것들이다. 이런 화석의 빈도수는 진화론적 오랜 지구 모델로는 이해하기 어렵지만, 성경적 모델과는 조화를 잘 이룬다.

화석의 대부분은 전 지구적으로 발생한 노아 홍수 격변 때 형

* 저탁류: 고밀도의 빠른 퇴적물의 흐름
을 말한다. 오늘날 지질학자들은 대부
분의 지층이 이 과정으로 형성되었다
고 믿는다.

성되었는데, 이 격변은 수면으로부터 수 km 아래서 다량의 물과 흙이 뒤섞인 저탁류* 가 흐르던 전 지구적인 사건이었다. 그러므로 노아 홍수 당시 해양 바닥이나 바다에 서식하던 수많은 해양생물들은 이 저탁류에 매몰되기 쉬웠을 것이다.

육상동물들은 홍수 동안에는 물 위에 뜨기 때문에 저탁류에 매몰되기 어려워 상대적으로 화석화될 가능성이 훨씬 떨어질 수밖에 없다. 그러므로 노아 홍수 동안에 형성된 화석의 대부분은 해양 화석일 것이다.

반면에 빙하시대는 육지에서 일어난 사건이기 때문에 이때 형성된 화석들은 상대적으로 육상동물이 많을 수밖에 없다. 또한 육상동물을 매몰시킨 눈사태, 산사태, 늪지 환경은 빙하 성장기보다 해빙 때의 조건에 맞으므로 해빙기 때의 화석이 한꺼번에 발견될 것이다. 이와 같이 화석의 빈도수만 보더라도 전 지구적으로 물이 덮인 단 한 번의 격변인 노아 홍수, 그리고 그 뒤에 고위도 지역의 육지에서 광역적으로 발생한 단 한 번의 빙하시대의 틀에서 쉽게 해석될 수 있다.

육상동물 화석에서는 재미있는 현상이 나타난다. 노아 홍수 때 형성된 지층 속의 동물 화석들은 주로 조각으로 발견되는 반면에 빙하시대 때 형성된 육상동물 화석들은 몸 전체가 비교적 잘 보존되어 있다. 이는 두 부류의 화석이 만들어지는 환경이 전혀 달랐다는 것을 잘 보여 준다.

노아 홍수 동안에 육상동물들은 물에 떠 있으면서 살갗이나 근육이 불어나고 떠 있던 나무나 파도에 의해 부딪혀 뼈가 분리되어 조각을 이루었을 것이다. 이 뼈 조각은 홍수 후반에 접어들어서야 가라앉고 흙에 묻혀서 화석이 되었을 것이다. 홍수 때 매몰된 공룡 화석을 보더라도 분리된 뼈 조각으로 발견되는 것이 대부분이다.

한편 빙하시대 화석은 산사태나 눈사태, 또는 늪지대와 같은 육지에서 형성되었을 것이므로 많은 것들이 몸 전체를 잘 보존하고 있다. 역시 육지동물 화석도 전 지구적인 홍수와 광역적인 빙하시대의 틀에서 잘 설명된다.

매머드 화석을 정리하자면, 매머드는 노아 홍수 후에 방주에서 나와 북반구 고위도 지역으로 이주하여 습윤사막이 있던 기간에 넓게 번성하다가 빙하시대를 겪었으며, 특별히 해빙 때 눈사태, 산사태에 의해 매몰되거나 이때 형성된 광역적인 늪지대에 빠져 멸종된 것으로 해석될 수 있다.

Part.
04

바벨탑과
빙하시대

빙하시대의 시기를 성경 역사에 비추어 볼 때, 육지에 얼음을 누적시키며 해수면을 낮춤으로써 이동이 용이해진 모습, 그리고 해빙을 통해 다시 대륙붕이 물에 잠김으로써 서로 건너기 어려워진 모습을 통해 인류를 흩으신 것이 이해된다. 또한 빙하시대는 인류를 흩어 버렸을 뿐 아니라 지구 환경을 더 악화시키는 데 중요한 역할을 했다. 지금보다 훨씬 온화하던 홍수 이후의 날씨가 양극에 빙하가 형성됨으로 인해 지구가 더 춥고 더 더워져 기온 차가 심해지는 결과를 초래했다. 오늘날의 사막과 동토는 모두 빙하시대 이후의 모습이다. 이는 인간의 수명 감소, 피부색의 다양화, 생물들의 종분화, 공룡의 멸종 등에도 중요한 실마리를 제공한다.

01

바벨탑 사건이
빙하시대를 가져왔다?

바벨탑 사건이 일어난 후 사람들은 대륙붕을 건너 흩어졌다.

그리고 인류가 각 대륙으로 분산된 후 해빙기를 거쳐 육지에 쌓인 얼음이 녹으며

다시 해수면이 상승하였고, 대륙붕이 물에 잠김으로 서로 건널 수 없는 상황이 되었다.

과연 엄청난 눈이 내리고 동토와 사막을 남겨 놓은 빙하시대는 왜 일어난 것일까? 빙하시대의 흔적이 고위도 지역에만 있지만, 그 영향력은 전 지구상에 걸쳐 있었을 것이다. 그러면 빙하시대는 노아 홍수 동안 따뜻해진 바닷물이 홍수 이후 식어 가는 과정에서 우연히 다발적인 대규모 화산 활동으로 일어난 것일까, 아니면 하나님께서 어떤 특별한 이유가 있어서 일으키신 것일까? 하나님은 만물을 창조하셨을 뿐 아니라 그 피조물을 위해 항상 일하고 계신다. 예수님도 아버지 하나님에 대하여 이렇게 말씀하셨다.

"아버지께서 이제까지(always) 일하시니 나도 일한다"
(요 5:17).

그러므로 지구상에 큰 변화를 일으킨 이 같은 사건을 단지 자연의 조화로 일어났다고 하는 것은 이치에 맞지 않다.

성경에는 인간이 어떤 일을 행했을 때 하나님께서 그 조치로 땅을 저주하신 일들이 여러 번 기록되어 있다. 예를 들면 아담이 범죄했을 때 땅을 저주하시므로 가시덤불과 엉겅퀴를 나게 하시고, 그 후 땅에 죄악이 가득 찼을 때 모든 깊음의 샘들이 터지며 땅을 저주하시는 홍수 심판을 행하셨다(창 8:21). 그렇다면 땅에서 일어난 이 엄청난 빙하시대는 노아 홍수 이후에 어떤 사건과 관련된 것일까? 결국 이에 대한 해답을 찾기 위해 당시 상황이 기록된 성경을 열어 보아야 한다.

✿⊱ 창세기 10장 ⊰✿

01. 노아의 아들 셈과 함과 야벳의 족보는 이러하니라 홍수 후에 그들이 아들들을 낳았으니
02. 야벳의 아들은 고멜과 마곡과 마대와 야완과 두발과 메섹과 디라스요
03. 고멜의 아들은 아스그나스와 리밧과 도갈마요
04. 야완의 아들은 엘리사와 달시스와 깃딤과 도다님이라
05. 이들로부터 여러 나라 백성으로 나뉘어서 각기 언어와 종족과 나라대로 바닷가의 땅에 머물렀더라
06. 함의 아들은 구스와 미스라임과 붓과 가나안이요
07. 구스의 아들은 스바와 하윌라와 삽다와 라아마와 삽드가요 라아마의 아들은 스바와 드단이며
08. <u>구스가 또 니므롯을 낳았으니 그는 세상에 첫 용</u>

사라

09. 그가 여호와 앞에서 용감한 사냥꾼이 되었으므로 속담에 이르기를 아무는 여호와 앞에 니므롯같이 용감한 사냥꾼이로다 하더라

10. 그의 나라는 시날 땅의 바벨과 에렉과 악갓과 갈레에서 시작되었으며

11. 그가 그 땅에서 앗수르로 나아가 니느웨와 르호보딜과 갈라와

12. 및 니느웨와 갈라 사이의 레센을 건설하였으니 이는 큰 성읍이라

13. 미스라임은 루딤과 아나밈과 르하빔과 납두힘과

14. 바드루심과 가슬루힘과 갑도림을 낳았더라(가슬루힘에게서 블레셋이 나왔더라)

15. 가나안은 장자 시돈과 헷을 낳고

16. 또 여부스 족속과 아모리 족속과 기르가스 족속과

17. 히위 족속과 알가 족속과 신 족속과

18. 아르왓 족속과 스말 족속과 하맛 족속을 낳았더니 이 후로 가나안 자손의 족속이 흩어져 나아갔더라

19. 가나안의 경계는 시돈에서부터 그랄을 지나 가사까지와 소돔과 고모라와 아드마와 스보임을 지나

라사까지였더라

20. 이들은 함의 자손이라 각기 족속과 언어와 지방과
나라대로였더라

21. 셈은 에벨 온 자손의 조상이요 야벳의 형이라 그
에게도 자녀가 출생하였으니

22. 셈의 아들은 엘람과 앗수르와 아르박삿과 룻과 아
람이요

23. 아람의 아들은 우스와 훌과 게델과 마스며

24. 아르박삿은 셀라를 낳고 셀라는 에벨을 낳았으며

25. 에벨은 두 아들을 낳고 하나의 이름을 <u>벨렉이라
하였으니 그때에 세상이 나뉘었음이요</u> 벨렉의 아
우의 이름은 욕단이며

26. 욕단은 알모닷과 셀렙과 하살마웻과 예라와

27. 하도람과 우살과 디글라와

28. 오발과 아비마엘과 스바와

29. 오빌과 하윌라와 요밥을 낳았으니 이들은 다 욕단
의 아들이며

30. 그들이 거주하는 곳은 메사에서부터 스발로 가는
길의 동쪽 산이었더라

31. 이들은 셈의 자손이니 그 족속과 언어와 지방과

나라대로였더라

32. 이들은 그 백성들의 족보에 따르면 노아 자손의 족속들이요 홍수 후에 이들에게서 그 땅의 백성들이 나뉘었더라

앞에서 다루었듯이 빙하시대는 홍수 심판 이후에 일어난 사건이다. 과연 이때 무슨 일이 발생했을까? 홍수 이후 인류 역사상 중요한 사건이 하나 일어났다. 바로 바벨탑 사건이다. 창세기 10-11장에 기록된 바벨탑 사건을 보면 10장에는 족보와 함께 당시 흩어진 나라(사람)의 이름이 언급되어 있으며, 11장에는 그 원인과 하나님께서 행하신 조치가 기록되어 있다.

10장의 인물들을 보면 그 가운데 특별한 설명이 부가된 두 사람이 등장하는데, 니므롯과 벨렉이다. 성경적 정황으로 보아 이 두 사람은 바벨탑 사건과 관련된 인물로 주목 받을 만하다. 이중 니므롯은 바벨탑 쌓는 일에 주동자로 보인다. 그에 대하여 "여호와 앞에서 용감한(mighty) 사냥꾼"(창 10:9)이라는 특별한 표현을 썼기 때문이다. 그는 하나님께만 쓸 수 있는 'mighty', 즉 '위대한', '능력 있는'이라는 표현을 자신이 꿰찬 것이다. 또한 그가 세운 네 나라 가운데 '바벨'이 등장하는 것이 이를 뒷받침해 준다(창 10:10).

한편 벨렉 때에 세상이 나뉘었다(10:25)고 기록되어 있다. 니므롯은 노아-함-구스로 이어지는 함의 족보상 노아의 4대손이다. 한편 벨렉은 노아-셈-아르박삿-셀라-에벨로 이어지는 셈의 족보상 노아의 6대손이다. 족보상으로 볼 때도 그 순서가 잘 일치한다. 니므롯은 바벨탑을 주동한 인물이며, 하나님께서 인류를 흩으신 시기는 벨렉이 태어나던 때를 의미한다고 보면 큰 무리가 없을 것이다.

창세기 11장의 족보를 근거로 하면 벨렉이 태어났던 시기는 홍수가 끝난 후 약 100년이 지났을 때이다. 이때 정확한 인구는 알 수 없지만 벨렉이 노아의 6대 손이므로 각각의 사람들이 자식을 평균 열 명씩 낳았다고 가정하면 바벨탑 인구는 약 10만 명가량으로 계산된다. 실제로 창세기 10장은 아들의 이름만 기록했지만 그렇다고 모든 아들의 이름을 기록한 것도 아니라는 점을 고

함	셈
구스	아르박삿
니므롯	셀라
	에벨
	벨렉

함과 셈의 족보 비교.
벨렉의 탄생은 홍수 후 약 100년 후다.

바벨탑(브뤼겔, 1563년)

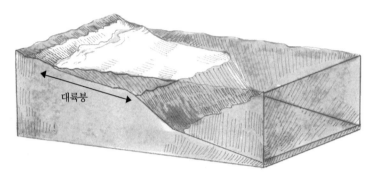

대륙붕 단면도

려하면 10만 명보다 많을 가능성도 있다.

앞에서 언급되었던 것처럼 빙하시대의 시작이 홍수 이후 약 200년 경에 시작했다면, 빙하시대는 바벨탑과 비슷한 시기 또는 이어서 발생했다는 계산이 나온다. 이런 일련의 시간적 일치는 어떤 의미가 있는 것 같지 않은가? 바벨탑은 방주에서 나온 노아에게 "땅에 충만하라"(창 9:1)는 하나님의 명령에 대하여 "흩어짐을 면하자"(창 11:4)면서 정면으로 거스른 사건이고, 이어서 일어난 빙하시대는 증발된 바닷물이 눈으로 변해 육지에 쌓인 사건이다.

빙하시대 당시 육지를 덮은 빙하의 근원은 바다였으므로 빙하의 성장은 해수면의 높이에 직접적인 영향을 주게 된다. 빙하시대가 정점일 때 육지의 3분의 1을 덮은 얼음의 양을 환산하면 해수면이 그만큼 낮아졌음을 예상할 수 있다. 그 얼음의 부피는 빙하가 없었던 당시 해수면을 120m나 낮출 수 있는 양이다. 이는 오늘날 대륙붕의 많은 부분을 드러내게 하는 엄청난 양이다. 대륙붕이란 '지금은 바닷물에 의해 잠겨 있지만 육지의 연장선'을 말하는데 깊은 곳이 130~140m의 수심을 보여 준다. 대륙붕에서 더 바다 쪽으로 가게 되면 갑자기 가파르게 낮아지는 대륙 사면을 지나 심해로 들어가게 된다.

만약 빙하시대에 육지에 쌓인 얼음으로 인해 해수면이 낮아졌다면 어떻게 되었을까? 이때 드러난 대륙붕이 각 대륙의 다리 역할을 함으로써 사람들이 건너가기에 용이했을 것이다. 그러면 아시아와 북미를 나누고 있는 베링 해(Bering Sea)도 빙하시대에는 육지로 연결되었으며, 아시아와 호주 역시 대륙붕이 드러나 사람이

빙하시대 해안선(파란 부분)과 오늘날의 해안선

바벨탑 이후 인류의 이동 경로

건너 다녔을 것이다. 빙하시대 당시의 해안선을 그림을 통해 예상해 볼 수 있다. 특별히 이때 해안가는 따뜻한 바닷물의 영향으로 인해 눈보다는 비가 내렸을 것이며, 이로 인해 이동이 용이한 통로가 되었을 것이다. 실제로 해안가에 빙하의 흔적이 없다는 것은 앞에서 이미 언급한 바 있다.

빙하시대가 노아 홍수가 끝난 뒤 해빙기까지 수백 년간 지속되었다면 언어가 혼잡해진 바벨탑 사건이 일어난 후 사람들이 대륙붕을 건너 흩어졌을 것이다.

그리고 인류가 각 대륙으로 분산된 후 해빙기를 거쳐 육지에 쌓인 얼음이 녹으며 다시 해수면이 상승하였고, 대륙붕이 물에 잠김으로 서로 건널 수 없는 상황이 되었을 것이다. 하나님께서 언어를 혼잡케 하심으로 인류를 흩으신 것은 의심의 여지가 없다.

한편 빙하시대의 시기를 성경 역사에 비추어 볼 때, 육지에 얼음을 누적시키며 해수면을 낮춤으로써 이동이 용이해진 모습, 그리고 해빙을 통해 다시 대륙붕이 물에 잠김으로써 서로 건너기 어려워진 모습을 통해 인류를 흩으신 것이 이해된다.

또한 빙하시대는 인류를 흩어 버렸을 뿐 아니라 지구 환경을 더 악화시키는 데 중요한 역할을 했다. 지금보다 훨씬 온화하던 홍수 이후의 날씨가 양극에 빙하가 형성됨으로 인해 지구가 더 춥고 더 더워져 기온 차가 심해지는 결과를 초래했다. 습윤사막에서 다룬 것처럼 오늘날의 사막과 동토도 모두 빙하시대 이후의 모습이다. 이는 앞으로 다루게 될 인간의 수명 감소, 피부색의 다양화, 생물들의 종분화, 공룡의 멸종 등에도 중요한 실마리를 제공한다.

02
인류의 수명은
왜 단축되었을까?

빙하시대를 기점으로 일교차와 연교차가 훨씬 극한 기후로 변했다.

이런 극한 변화는 사람과 동식물에게 커다란 환경적인 스트레스를 끊임없이

제공했을 것이다. 환경의 변화가 수명에 주요한 역할을 했을 것이다.

창세기 전반부의 신비스러운 부분은 인간의 나이가 아닐까 싶다. 노아 홍수 이전의 창세기 5장과 홍수 이후의 11장 족보는 다음 자손을 낳은 나이와 죽은 나이를 차례대로 기록하고 있다. 첫 조상 아담은 930세까지 살았고, 므두셀라는 무려 969세까지 살았다. 또한 홍수를 넘긴 노아는 950세까지 살았는데, 홍수가 600세 때 일어났으므로 홍수 후 350년을 더 산 것이다. 그의 아들 셈은 602세까지 살았으므로 홍수 이후 500년가량을 더 산 셈이다. 오늘날의 수명과 비교하면 너무 길어서 마치 동화 속의 이야기 같지만 성경은 어떤 변명도 없이 담담하게 써 내려간다.

그러나 족보에 기록된 숫자를 자세히 관찰하면 몇 가지 특별한 패턴이 있음을 알 수 있다. 족보의 전체적인 그림을 보면 홍수 이전에는 대부분 900세 이상을 유지하던 수명이 홍수 이후에 거의 절반에 해당하는 500세 이하로 뚝 떨어진다. 그리고 어느 정도 비슷하게 유지되던 수명이 바벨탑 사건과 관련된 벨렉을 기점으로 또 그 절반인 200세 중반으로 다시 한 번 갑자기 줄어든다.

즉 나이 변화를 보면 두 번의 드라마틱한 변화가 있었는데, 첫 번째는 노아 홍수이며, 그 다음은 바벨탑으로 빙하시대와 관련된 사건이다. 과연 이때 어떤 환경의 변화가 수명에 갑작스런 변화를 가져온 것일까? 그리고 바벨탑 이후부터는 수명이 유지되지 않고 점점 감소되어 오늘날에 이르게 되었는데, 그 이유는

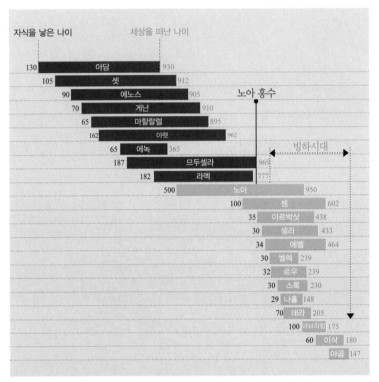

창세기 족보와 수명의 변화

무엇일까?

현대 과학은 아직까지 사람의 수명을 결정하는 요인을 꼭 집어 말하지 못하고 있다. 그러나 전문가들은 그 요인을 대체로 유전적 요인과 환경적 요인으로 구분하는데 이 둘은 독립된 것이 아니라 서로 상호관계가 있는 것으로 보인다. 환경적 요인으로는 육체적인 스트레스, 음식 습관, 생활 양식, 질병의 경험 등이 수명에 영향을 준다고 생각한다.

과학자들은 최근 들어 수명에 큰 영향을 미치는 유전자들을 많이 발견해 왔다. 이들 중 어떤 유전자들은 수명을 늘리기도 하고, 반대로 어떤 유전자들은 수명을 줄이기도 한다. 그중 어떤 것은 수명에 6배까지 영향을 주는 것으로 보고되었다. 그리고 과학자들은 이런 유전자가 환경과의 상호관계를 통해 표현되기도 하고 억제되기도 하여 수명에 영향을 준다고 생각한다. 즉 환경에 의해 수명을 늘리는 유전자가 표현될 수도 있고, 환경에 의해 수명을 줄이는 유전자가 표현될 수도 있는 것

> * 실험실에서 많이 사용하는 C. elegance라는 꼬마선충에서 daf-2란 유전자를 억제시켰을 경우 수명이 6배까지 늘어났다는 보고가 있다. 연구가들은 이 유전자가 환경 스트레스에 대응하기 위해 표현되어 반대급부로 수명을 단축시키지 않았을까 생각하고 있다. 만약 이 가정이 사실이라면 좋은 환경에서는 daf-2 유전자가 표현되지 않아 6배 혹은 그 이상도 살 수 있을 것이다. 그러나 수명은 어느 한 유전자에 의해서만 결정되는 것이 아니라 수명과 관련된 수백 가지 유전정보를 발현 또는 억제시키는 환경 요인이 종합적으로 작용하여 결정될 것이다.

이다. 역으로, 환경에 의해 수명을 늘리는 유전자가 억제될 수도 있고, 수명을 줄이는 유전자가 억제될 수도 있다.

만약 어떤 사람이 유전정보 중 수명을 늘리는 유전정보들은 표현되고 수명을 줄이는 유전정보는 억제되는 환경에서 살았다면 지금보다 훨씬 긴 수명을 가질 수 있을 것이다. 그러므로 홍수 이전에 긴 수명은 환경에 따라 불가능한 것도 아니다.

또한 성경에 기록된 홍수 심판 이전 사람들의 긴 수명으로 보

아 그만큼 당시에는 지금보다 훨씬 좋은 환경이었다는 것을 알 수 있다.

수명에 영향을 주는 환경적 요인만을 따로 떼어 보았을 때, 가장 큰 요인은 육체적인 스트레스로 본다. 그중 추위와 더위는 사람들이 겪는 가장 일반적이고 확실한 스트레스다. 우리 육체는 하루 중에도, 1년 동안에도 계속해서 추위와 더위에 의한 스트레스를 받는다. 이 스트레스는 어린이와 노약자에게는 더욱 해로우며, 특별히 유아기 때 받은 스트레스는 수명에 악영향을 미친다.

성경에는 홍수 직후에 '추위와 더위'가 처음 언급된다(창 8:22). 그 이전에는 사계절이 있었을지라도(창 1:14), 추위와 더위가 없는 사계절이었음을 의미한다. 이런 처음 상황은 첫 조상 아담과 하와가 옷을 입지 않아도 문제가 없었다는 것에서 엿볼 수 있다. 즉 홍수 이전 사람들은 추위와 더위에 의한 환경적 스트레스를 받지 않았음을 말하는 것이다. 홍수 직후 하나님께서 추위와 더위를 처음 언급하신 것은 홍수 직전까지 좋은 환경이 유지되었다는 것을 의미한다. 즉 창조 당시나 노아 홍수 이전에는 온도에 의한 스트레스가 거의 없었다는 것이다. 그러나 홍수 이후부터 사람들은 노화를 촉진하는 온도 차에 의한 엄청난 스트레스를 계속 받으며 살게 되었다.

그런데 900세 이상까지 유지되던 수명이 거의 반으로 떨어진 분기점이 노아 홍수라는 것은 참으로 놀랍지 않은가? 이 시점을 전후로 환경적인 변화가 일어났다는 것인데, 성경에서 추위와 더위가 처음 언급되는 시점도 바로 이때다.

홍수 이전이 지금보다 훨씬 좋은 환경이라는 증거는 노아 홍수 때 매몰된 화석에서도 볼 수 있다. 예를 들어 탄화된 나무 잔재인 석탄을 보면, 그 매장량으로 볼 때 노아 홍수 당시 나무의 양은 현재에 비해 100배가량 더 많았을 것으로 추정된다.* 이밖에 공룡 같은 큰

* 이재만, 《노아 홍수 콘서트》, 두란노, p. 107~114.

동물들의 화석이나 다른 화석들을 보더라도 노아 홍수 전의 환경이 지금과는 비교할 수 없이 좋았음을 알 수 있다. 공룡 외에도 크기가 상상할 수 없이 큰 화석들이 발견되곤 하는데, 예를 들어 사람 키만 한 직경의 암모나이트 화석이나 날개 길이가 75cm나 되는 잠자리 화석 등도 발견된다. 물론 이 화석들이 직접적으로 장수를 의미하는 것은 아니지만 홍수 이전의 좋은 환경을 보여주는 예라고 할 수 있다.

노아 홍수 전후를 살던 노아의 아들 셈의 나이를 살펴보자. 셈은 아버지인 노아와 어머니의 유전정보를 물려받았을 것이고 만약 홍수 이전의 좋은 상황에서 계속 살았다면 아버지 노아만큼

잠자리 화석

900세 이상 살았을 것이다. 그러나 셈은 엄청난 스트레스를 주는 노아 홍수의 대재앙과 빙하시대를 모두 겪어야 했다. 그리고 이런 환경 변화가 유전자들의 표현과 억제에 영향을 주어 수명에 중대한 영향을 주었을 것이다. 왜냐하면 좋은 환경인 홍수 이전에 태어난 셈이 602세밖에 살지 못한 것은 부모로부터 좋지 않은 유전정보를 물려받았다기보다는 나빠진 환경적인 요인이 더 크게 작용했을 것이기 때문이다.

이 설명은 유아기 때의 스트레스가 수명에 더 큰 영향을 미친다는 과학자들의 관찰과도 일치한다. 홍수 후 각각 1년 후와 36년 후에 태어난 셈의 아들 아르박삿은 438년, 손자인 셀라는 469년밖에 살지 못했으므로 홍수 후 502년을 더 살았던 셈보다 오히려 먼저 죽었다.

위와 같은 접근으로 450세 정도를 유지하던 수명이 바벨탑 사건에 이어진 빙하시대 이후에 다시 반으로 줄어들어 230세 정도로 떨어진 과정도 쉽게 이해할 수 있다. 바벨탑의 결과인 빙하시대 이후로 추위와 더위가 더욱 극심해진 것이다.

노아 홍수 직후에는 홍수 이전보다는 안 좋지만 지금보다는 훨씬 온화한 동토나 사막도 없는 습윤사막의 환경이었다. 그러나 빙하시대를 기점으로 일교차와 연교차가 훨씬 극한 기후로 변한

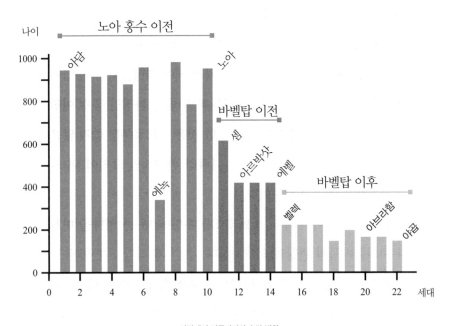

나이

노아 홍수 이전

1000

아담

노아

800

바벨탑 이전

600

셈

아르박삿

에벨

바벨탑 이후

400

에녹

벨렉

아브라함

200

야곱

0

0   2   4   6   8   10   12   14   16   18   20   22   세대

아담에서 야곱까지의 수명 변화

것이다. 이런 극한 변화는 사람과 동식물에게 커다란 환경적인 스트레스를 끊임없이 제공했을 것이다. 이런 환경에서 사람의 수명이 빙하시대 이전보다 절반 정도로 짧아진 것은 당연하다. 여기서도 환경의 변화가 수명에 주요한 역할을 했을 것이다.

빙하시대 이후의 수명 변화를 보면 다소 들쑥날쑥하긴 하지만 점점 감소하는 패턴을 보이며 나이가 점점 줄어들어 모세 시대에는 오늘날과 비슷한 평균 70~80세로 줄어든다.

이는 빙하시대 이후에는 환경에 변화를 줄 만한 이렇다 할 격변적 사건이 없었기 때문에 보여 주는 패턴일 것이다. 이와 같이 지구상의 큰 환경 변화인 노아 홍수와 빙하시대의 격변을 거치고 이후에 큰 격변이 없던 상황을 고려할 때 수명의 감소 패턴이 이와 일치하는 것은 놀라운 일이 아닐 수 없다. 이는 성경이 꾸며 낸 이야기가 아닌 사실을 기록한 책이라는 사실을 알려 준다.

장수의 조건?

덮개효과 모델

노아 홍수 세미나를 접할 때 가끔씩 등장하는 단어 하나가 있는데, 바로 덮개효과다. 창조과학자들이

노아 홍수 이전과 이후의 지구 환경 변화를 설명할 때 사용하는 모델이다. 모든 창조과학자가 이 모델

에 동의하는 것은 아니지만, 이 모델을 전제로 놓고 보면 흥미롭게도 성경 기록의 많은 부분이 노아 홍

수 전후의 변화를 뒷받침한다.

노아 홍수 세미나를 접할 때 가끔씩 등장하는 단어 하나가 있는데, 바로 덮개효과(Canopy Effect)다. 창조과학자들이 노아 홍수 이전과 이후의 지구 환경 변화를 설명할 때 사용하는 모델이다. 모든 창조과학자가 이 모델에 동의하는 것은 아니지만, 이 모델을 전제로 놓고 보면 흥미롭게도 성경 기록의 많은 부분이 노아 홍수 전후의 변화를 뒷받침한다.

덮개효과란 지금의 대기권 위에 물 층이 존재했다가 사라졌기 때문에 발생하는 효과를 말한다. 창세기 1장은 첫째 날 지구의 모습을 "하나님의 영이 수면(water) 위에 운행했다"고 기록하고 있다. 둘째 날에 하나님께서는 "궁창을 만드사 궁창 아래의 물과 궁창 위의 물을 나뉘게 하시니"라며 물을 둘로 나누셨고, 셋째 날 '궁창 아래 물'을 한 곳으로 모아 바다가 되게 하셨다. 그런데 그 이후 '궁창 위의 물'에 대한 언급은 찾을 수 없다. 그러다 노아 홍수가 시작될 때 "하늘의 창이 열려"라는 성경 기록이 있는데 이를 통해 그때까지 물 층으로 존재하던 '궁창 위의 물'이 홍수 동안 모두 쏟아진 것이라고 보는 것이다.

만약 이 모델처럼 홍수 전에 현재의 대기권 위에 물 층이 있어 지구를 감싸고 있었다면, 지구가 마치 온실에 들어 있는 상태와 같았을 것이다. 그렇다면 일교차와 연교차가 아주 작을 뿐 아니라 전 지구적으로 따뜻한 기후를 유지하여 동식물들이 생육하고 번성하기에 아주 좋은 환경이었을 것이다. 사실 홍수 이전에는 아담과 하와가 옷을 입지 않아도 좋을 만큼 날씨가 훌륭했는데, 이는 노아 홍수를 겪지 않은 창조 당시가 얼마나 좋은 환경이었는지 잘 보여 준다. 그러다 홍수 후에 추위와 더위라는 단어가 성경에 처음 언급된다(창 8:2). 이것 역시 덮개효과로 설명이 가능하다.

이 덮개의 존재 여부는 추위와 더위 외에도 지구에 많은 변화를 줄 수 있다. 지구 표면은 태양과 우주로부터 광선을 받고 있다. 그 광선들 중에는 생명체에 필요한 가시광선이나 적외선 같은 긴 파장의 빛도 있지만, 생명체에 해로운 짧은 파장의 빛인 자외선이나 X-선, 우주선 등도 있다. 지구 대기권 위에 물 층이 있었다면 파장이 긴 빛은 물 층을 통과할 수 있으나 파장이 짧은 해로운 빛은 물 층을 통과하기 어렵다. 이 짧은 파장의 광선들은 에너지가 커서 생명체의 노화를 촉진하는 결과를 초래했을 것이다.

결국 궁창 위의 물은 온도 조절뿐 아니라 몸에 해로운 빛도 차단함으로써 지금과는 비교할 수 없이 좋은 환경을 유지하는 데 중요한 역할을 했을 것이다.

그런데 족보를 보면 노아 홍수를 기점으로 수명이 갑자기 줄어드는데, 덮개효과로 이런 드라마틱한 변화가 설명 가능하다. 또한 석탄과 화석의 엄청난 양, 그리고 거대한 크기의 화석들 역시 홍수 전에는 생명체가 번성하기에 아주 좋았다는 것을 의미하며, 이것 역

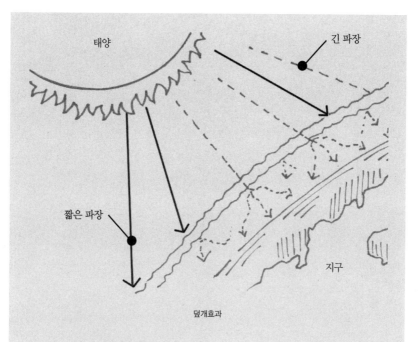

시 덮개효과로 설명할 수 있다.

분명한 것은 오늘날에는 이 '궁창 위의 물'이 존재하지 않기 때문에 추적이 불가능하다는 사실이다. 그러므로 이 모델로 홍수 전후의 변화가 설명 가능은 하지만 이 모델로 모든 것을 설명하려는 자세는 무리가 뒤따를 수 있다. 따라서 덮개효과는 지구 환경에 심각한 변화를 초래한 노아 홍수를 성경 속에서 설명하고자 한 흥미로운 과학적 시도 중 하나다.

03

바벨탑 사건 이후
하나의 언어가
어떻게 나뉘게 되었을까?

하나님께서 "언어를 혼잡하게 하여 그들이 서로 알아듣지 못하게 하자" 하시므로

여러 언어가 생겼다. 이는 각 민족에게 새로운 언어를 준 것이 아니라

기존 언어를 '섞었음'을 의미한다.

빙하시대 이후로 지구 환경이 더욱 악화되었을 뿐 아니라, 그 원인인 바벨탑 사건은 언어의 혼잡이라는 심각한 결과를 초래했다. 과연 우리는 어떤 과정을 거쳐서 지금의 언어 생활을 하고 있는 것일까? 언어는 퇴적지층이나 화석과는 달리 당시의 물리적 흔적을 남겨 놓지 않기 때문에 그 기원을 추적하는 것이 그리 쉽지 않다. 결국 언어의 기원을 알기 위해서는 고전 문헌과 최근의 언어 변화를 통해서 접근하는 것이 거의 유일한 방법이라고 할 수 있다.

인간이 어떻게 말을 하게 되었을까? 아직까지도 언어의 기원에 대하여 학계는 '모른다'고밖에 할 말이 없다. 몇 가지 학설들이 존재하긴 하지만 설득력 있는 이론은 찾아보기 어렵다. 그래도 언어의 기원에 대해 두 가지로 좁힐 수 있다.

첫째는 '말을 하지 못하다가 나중에 말을 할 줄 알게 되었다'는 전제이며, 다른 하나는 '인간은 처음부터 완벽한 말을 할 줄 알았다'는 전제다. 전자의 틀에서 설명하려는 사람들은 오랜 시간이 지남에 따라 인간의 지능이 점점 발달하여 언어라는 의사소통의 도구를 갖추게 되었다고 생각한다. 당연히 이는 진화론적 전제이며, 이들은 연구의 일차적인 대상을 동물로 그리고 진화론적으로 가장 가깝다고 하는 침팬지로 삼는다.

그러나 동물과 인간의 의사소통 방법은 전혀 다르다. 동물의 언어는 문법적 구조가 결여된 신호 체계일 뿐이며, 인간은 문법 체계를 갖춘 훨씬 복잡한 언어를 사용한다. 이 둘 간의 차이는 매우 크며, 아직까지 이 둘의 중간 단계를 발견한 예가 없다.

처음부터 말을 할 줄 알았다고 하는 후자의 경우는 성경적 기원이다. 하나님께서 이 세상을 창조하실 때 "이르시되"(said)란 단어를 매번 사용하신 것처럼 말씀으로 세상을 창조하셨다. 인간은 완전하게 하나님의 형상으로 창조되었으므로 처음부터 하나님의 언어를 사용할 줄 안 것이다. 아담이 하와를 만났을 때 "내 뼈 중의 뼈요 살 중에 살이라"(창 2:23)라는 완벽한 언어로 아내에 대해 표현하지 않았는가?

실제로 인간은 자라난 곳의 언어를 구사한다. 부모가 한국인이라 할지라도 미국에서 자랐을 경우 그 자녀는 영어를 구사한다. 뿐만 아니라 노력만 하면 서로 다른 나라의 언어를 배울 수도 있다. 즉 모든 사람은 태어날 때부터 언어 구사 능력을 갖고 있다.

언어학자들이 동의하는 흥미로운 점이 하나 있는데, 시대가 거듭될수록 언어의 문법 구조는 복잡해지는 것이 아니라 더 단순해진다는 사실이다. 이는 고대 문헌이나 최근의 언어 변화를 보아도 이해할 수 있다. 이에 대한 예는 많은데, 영어의 문법은 수십 년 전보다 지금이 훨씬 단순해졌다.

영어에서 'will'과 'shall'의 구분이 예전보다 훨씬 적어졌으며,

이미 구어체에서는 'whom'이 사라지고 주격이나 목적격에 모두 'who'를 사용하고 있다. 한국어도 예전에는 모음조화(양성모음은 양성모음끼리, 음성모음은 음성모음끼리 어울리는 현상)를 이루면서 언어를 사용했지만 지금은 이런 문법이 거의 깨진 것을 볼 수 있다.

예전에는 시제를 사용할 때 과거완료형, 과거완료진행형, 미래완료 등 훨씬 복잡하게 사용했다. 그리고 신약성경이 씌어진 고대 그리스어만 보더라도 과거에는 격(case)과 시제가 훨씬 복잡했음을 알 수 있다. 오래된 기록을 보지 않더라도 젊은 세대들이 어른들보다 문법을 훨씬 단순화시켜 사용하고 있다는 것을 주위에서 쉽게 관찰할 수 있다. 이처럼 문법 구조가 현재에 가까울수록 단순해지는 예는 이외에도 얼마든지 많으며, 영어나 한국어뿐 아니라 모든 나라의 언어에서 일어나는 공통적인 현상이다.

그렇다면 관찰된 내용을 거꾸로 소급해 올라가면 과거로 갈수록 언어의 문법 구조가 지금보다 훨씬 복잡했다는 결론에 다다른다. 사람들은 언어를 일부러 어렵게 구사하지 않는다. 그렇다면 문법이 복잡했다는 것은 당시 사람들은 그만큼 언어구사 능력이 뛰어났으며, 의사 표시를 더 정확히 했고, 표현도 훨씬 멋지게 했다는 것을 의미한다. 이런 관찰은 오히려 진화론적 예상과는 반대다. 언어도 시간이 지남에 따라 점점 발달했다고 하는 진화론적 사고와 일치하는 것이 아니라, 오히려 첫 사람의 언어가 완벽

했으며 시대가 지남에 따라 문법의 틀이 점점 파괴되어 단순화되었다는 해석이 더 설득력 있다.

성경은 바벨탑 사건 이전에는 언어가 하나요 말이 하나(one language and one speech)였으나, 하나님께서 "언어를 혼잡하게 하여 그들이 서로 알아듣지 못하게 하자"(창 11:7) 하시므로 여러 언어가 생겼다고 말한다. 이때 '혼잡'이란 단어는 히브리어로 바랄(Bawlal)인데 영어로는 'confound, confuse, mix' 등으로 번역된다. 즉 각 민족에게 새로운 언어를 주신 것이 아니라 기존 언어를 '섞었음'을 내포하는 듯하다. 아마도 언어의 기본 요소인 발음과 문법적 구조를 섞으신 것으로 보인다. 그리고 민족들이 흩어지며 세대를 거쳐 각 언어가 점점 단순해진 것이다.

이때 언어를 나누시는 장면을 보면 또 하나 중요한 내용이 등장한다. 혼잡된 언어로 인해 흩으실 때 "언어와 종족과 나라대로"(창 10:5)라고 기록했다. 이 구절을 영어 성경(KJV)은 더 구체적으로 번역했는데, "after his tongue, after their families, in their nations", 즉 '언어에 따라, 가족(종족)에 따라, 그들이 나라가 되었다'는 것이다. 이는 하나님께서 언어를 나누실 때 한 가족 안에서 말이 통하지 않도록 하지는 않으셨다는 것을 의미한다. 즉 가족을 단위로 언어를 혼잡하게 하셨다는 것이다.

하나님의 이런 배려는 아주 중요하다. 하나님은 가족을 아주 중요하게 여긴다는 것이다. 가족은 인간이 죄를 지은 다음에 만들어진 것이 아니라, 오히려 하나님께서 "보시기에 심히 좋았더라"는 감탄 중 하나로서 죄 짓기 이전에 창조하신 것이다. 언어를 나누실 때도 하나님이 창조하신 '가족'을 끝까지 중요시하셨음을 주목할 필요가 있다.

언어의 혼잡과 빙하시대, 둘 다 인간이 단체로 하나님을 대적함으로써 일어난 하나님의 특별한 조치다. 모든 사람은 서로 말이 통하지 않아서 어려움을 겪으며, 또한 추위와 더위로 불편함을 겪는다. 아무도 이 영향 안에서 벗어나지 못한다. 이는 하나님을 대적한 인간의 행위로 말미암은 하나님의 조치이기 때문이다.

Part.
05

빙하시대
이후
땅에
충만하다

생물들이 다양해지는 과정은 유전정보가 추가되면서 일어나는 것이 아니라, 유전

정보를 재조합하거나 잃어버리면서 일어난다. 그러나 진화론자들의 진화 과정은

반드시 유전정보의 추가를 요구하는데, 이 유전정보의 추가는 진화 과정을 설명

할 때 가장 어려운 문제다. 사실 유전적 재조합에 의해 표현될 수 있는 생물의 다

양성은 일반인들의 상상을 초월한다. 방주에서 나온 각 동물들은 수만 가지의 유

전자들을 가지고 있는데 이것들을 재조합할 경우 종류 내에서 거의 무한대의 다

양성을 가진 생명체들이 생겨날 수 있다. 이런 다양성은 진화가 아니라 유전정보

에 무한한 가능성을 담아 놓으신 그분의 지혜다.

01

생물이
어떻게 다양하게
분화되었을까?

모든 인류가 홍수 심판 때 구원받은 한 조상인 노아의 후손이라면

어떻게 피부색이 이렇게 다를 수 있을까? 또 방주에서 나온

생물들은 어떻게 이렇게 다양한 모습을 갖추게 되었을까?

이것 역시 빙하시대와 바벨탑 사건으로 설명할 수 있다.

빙하시대의 성경적 이해는 참으로 중요하다. 지구가 겪은 마지막 광역적인 격변이기 때문이다. 하나님께서 창조하신 지구의 표면은 노아 홍수 때 모두 파괴되어 이전과는 아주 다른 모습을 갖추게 되었다. 그리고 그 노아 홍수 때 형성된 지형도 빙하시대를 통하여 많은 부분이 변형되었다.

환경도 마찬가지다. 보시기에 심히 좋던 창조 때의 모습은 타락으로 인해 가시덤불과 엉겅퀴가 났고, 홍수 심판으로 추위와 더위가 시작되었다. 그리고 이 날씨는 빙하시대를 통해 더욱 극심해졌다. 그러므로 빙하시대가 이해된다면 빙하시대 이전이 그려지고, 더 소급해서 올라가면 노아 홍수와 창조 사실이 보다 분명하게 그려진다.

오늘날 우리의 모습 가운데 가장 특이한 점은 다양한 피부색이다. 모든 인류가 홍수 심판 때 구원받은 한 조상인 노아의 후손이라면 어떻게 피부색이 이렇게 다를 수 있을까? 이는 단지 사람뿐이 아니다. 생물의 모습에서도 같은 질문이 나온다. 방주에서 나온 동물들이 어떻게 이렇게 다양한 모습을 갖추게 되었을까? 실제로 이 질문에 쉽게 대답하기 어렵다. 그러나 빙하시대와 바벨탑 사건을 사실로 보고 인류 역사를 조명해 보면 그 대답이 그리 어렵지만은 않다.

생물학적 유사성 때문에 동물이나 사람이 다양한 모습으로 변화되는 과정은 어느 정도 같은 맥락이라고 할 수 있다. 그러므로 이해를 돕기 위해 동물들의 다양성에 대하여 먼저 다루어 볼 것이다. 그러면 그 연장선에서 다양한 피부색도 쉽게 이해될 것이다.

가장 가까운 동물인 개를 예로 들어 보자. 개에 대해서도 역시 노아 홍수부터 시작해야 할 것이다. 왜냐하면 방주에 타지 못했던 코로 숨을 쉬는 육지 동물들은 홍수 때 모두 죽었기 때문이다. 홍수 동안에 동물들이 어떻게 방주에 들어갔는지는 성경에 비교적 상세하게 기록되어 있다. "정결한 짐승은 암수 일곱씩, 부정한 것은 암수 둘씩, 공중의 새도 암수 일곱씩"(창 7:2, 3), "암수 한 쌍씩"(창 6:19), "종류대로 각기 둘씩"(창 6:20) 방주에 들어가라고 했다. 그러면 개는 두 마리가 방주에 들어갔을 것이다.

이 암수 한 쌍이 방주에서 나와 북쪽으로 이주했다고 하자. 털의 길이만 가지고 생각할 때 일단 털이 긴 유전 정보를 L(long), 털이 짧은 유전 정보를 S(short)라고 표기하자. 이 암수 한 쌍은 모두 LS를 가졌다고 해보자. 이들이 새끼를 낳았을 경우 그림과 같이 유전 법칙에 의해 확률적으로 LL, LS, SS가 나왔을 것이다. 여기서 당연히 LL이 가장 털이 길고 SS가 털이 가장 짧다. 빙하시대가 오기 전인 습윤사막 시대에서는 이들에게 큰 문제가 없었겠

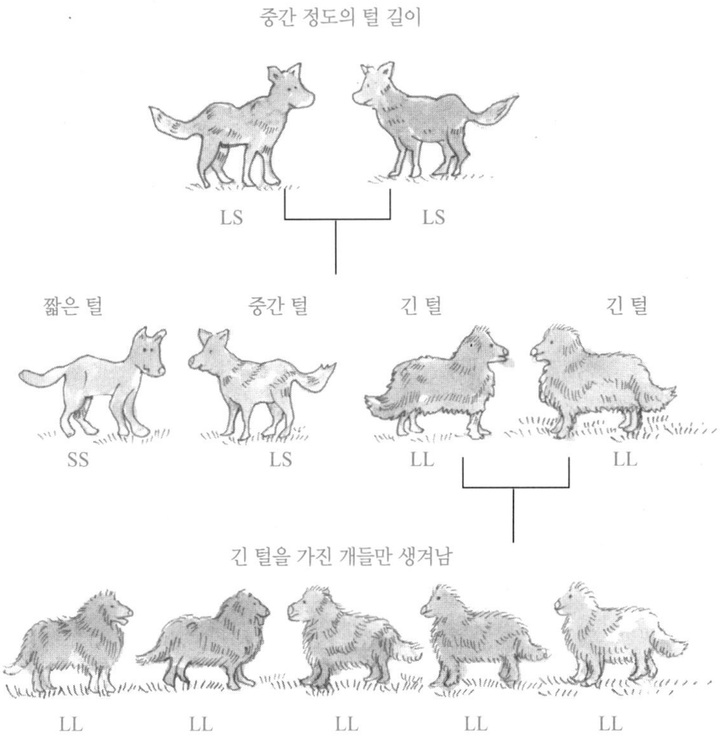

중간 정도의 털 길이

LS   LS

짧은 털   중간 털   긴 털   긴 털

SS   LS   LL   LL

긴 털을 가진 개들만 생겨남

LL   LL   LL   LL   LL

격리와 자연선택의 결과로 인한 동물의 다양성

지만, 빙하시대를 기점으로 추위를 경험했다면 털이 짧은 SS는 추위에 어려움을 겪으며 따뜻한 쪽으로 이동했을 것이다. 이런 과정이 세대에 걸쳐 계속된다면 결국 추운 지방에서는 LL밖에 남지 않았을 것이다.

> * 자연선택은 그 자체가 변화를 일으키는 힘은 아니지만 다양한 모습의 형태들이 나타날 때 어떤 형태를 용납할 것인지 말지를 결정한다. 생명체 입장에서 본다면 적응할 수 있을지 없을지의 문제다.

이런 과정을 자연선택[*]이라고 하는데, 이런 과정으로 한 종류 안에서 다양한 모습을 보이게 된다.

실제로 오늘날과 같이 개들이 다양해진 것은 그리 오래되지 않았다. 사람들이 개들을 애완용으로 키우면서 더욱더 다양해졌다. 예를 들면 어떤 사람이 불독 모양의 개를 좋아해서 닮은 것끼리 계속해서 교배를 시키고, 그 가운데 불독을 닮지 않은 새끼가 나오면 **빼놓고**, 닮은 새끼가 나오면 다시 교배를 시키고… 이런 과정을 계속한다면 결국 그 안에서는 불독만 나오게 될 것이다. 이를 인공선택이라고 한다.

개의 크기는 10~230cm까지, 털의 길이는 0~10cm까지 다양하다. 뿐만 아니라 색깔과 눈, 코, 입의 모양도 다양하다. 개의 경우 현재 450종의 순종이 있다고 알려졌는데, 대부분 인공선택 과정에 의해 나타난 것들이며, 수백 년 안에 이루어진 것이다. 자연적이든 인위적이든 유전적 조합에 따라 다양한 모습의 개들이 나올 수 있는 것이다.

이 다양할 수 있는 가능성은 다음 단원에서 곧 알게 될 것이다. 개뿐만 아니라 다른 동물들도 방주에서 나온 뒤에 동일한 과정을 경험했을 것이며, 빙하시대 이후 더 극단적으로 환경이 바뀜으로 다양한 모습으로 변한 것이다.

02

한 종류에서
여러 종으로

홍수 직후 동물들이 방주에서 나와 번식을 시작했을 당시에

각 종류의 생물 수가 아주 적었기 때문에 종분화에 아주 좋은 조건을 갖고 있었다.

또한 빙하시대와 갑작스러운 해빙으로 초래된 급격한 기후 변화는

불과 몇 세대 만에 종분화를 가능하게 하는 최적의 조건이었을 것이다.

생물 분류의 기본 단위를 '종'(species)이라고 한다. 생물학자들이 종을 처음 분류할 때 어떻게 분류했을까? 유전법칙을 발견하기 전에는 모양과 서식지를 통해서 분류했다. 그러다가 멘델의 유전법칙이 알려지면서 1940년대에 '자연 상태에서 교배가 가능한 생물의 집단'으로 정의하기 시작했다. 쉬운 말로 새끼를 낳을 수 있는 생물끼리 묶어 놓은 것이다.

그러나 그런 정의대로 '종'을 명쾌하게 구분 짓기는 쉽지 않다. 왜냐하면 어떤 경우는 형태학적으로 종의 특징을 갖는 듯하지만 교배가 불가능한 경우도 있고, 어떤 경우는 외견상 차이가 있으나 교배가 가능하여 자손을 낳는 경우도 있기 때문이다. 그러나 분명한 것은 모든 생물학자들이 인정하듯이 서로 교배할 수 있는 한계가 있다는 사실이다.

성경에서 하나님은 생물들을 창조하실 때 '종류'(kind)란 단어를 사용하셨다. 이 단어가 무엇을 의미하는지는 성경을 통해 알 수 있다. 성경에서는 이 '종류'란 단어를 정확하게 다시 한 번 사용하고 있는데, 바로 노아 홍수 때 동물들이 방주로 들어갈 때다. 이때 '종류대로' 들어가게 했고, 방주에 동물들을 넣은 이유는 '씨를 보존케 하기 위해서'였다(창 7:3). 즉 서로 교배할 수 있는 한계를 말하고 있는 것이다.

종류에 대하여 더 구체적인 예를 들어 보면, 개 종류는 늑대,

자칼, 코요테, 딩고, 그리고 450여 순종 개들이 모두 포함된다. 이 동물들은 염색체 수도 같고 실제로 자연교배가 가능하다. 그러므로 이들은 분류상 같은 개 '과' 안에서 다른 '종'으로 분류되지만 염색체 수도 같으며 교배가 가능하다. 엄밀히 말해서 유전적으로 한 '종'으로 표현해도 문제가 없는 것이다.

창조과학자나 진화론 과학자 모두 이 동물들이 한 조상으로부터 나왔다는 데 동의한다. 고양이의 경우도 마찬가지다. 호랑이, 사자, 고양이는 다른 종으로 분류되어 있지만 같은 수의 염색체를 가졌다. 이 가운데 사자와 호랑이는 동물원에서 자연교배로 새끼를 낳게 할 수 있다. 이들을 라이거라고 한다. 라이거끼리는 교배가 되지 않지만 라이거는 사자나 호랑이와는 교배가 가능하다. 사자, 호랑이, 고양이들은 모두 한 종류에서 다양해진 것이다.

그렇다면 방주에는 늑대나 개가 두 마리씩 들어간 것이 아니라 늑대와 개의 대표로 두 마리만 들어간 것이며, 호랑이와 사자의 대표로 두 마리만 들어갔다는 것을 의미한다.[*] 이 두 마리에서 지금 말하고 있는 여러 다양한 종들로 변한 것이다. 이런 과정을 전문 용어로 종분화(speciation)라고 부른

* 이 문제를 심도 있게 연구한 창조과학자 우드모래프(John Woodmorappe)는 《노아의 방주: 가능성 연구》라는 책에서 한 종류의 범위를 종과 과의 중간인 속으로 가정을 했을 때 방주에는 1만 6,000마리 이상이 들어갈 필요가 없다고 계산했다. 대부분 한 종류는 현재 과학자들이 사용하는 과에 해당하므로 이 수는 상당히 넉넉하게 계산된 것이다. 이렇게 넉넉히 잡아도 방주에서 동물들이 차지하는 공간은 13%밖에 안 된다. 이들이 방주에서 나와 유전적 재조합으로 인해 오늘날 지구상에서 다양한 모습으로 존재하게 된 것이다.

다. 종분화되는 과정에서 생물들의 크기에 너무 차이가 나서 자연 상태로 교배가 불가능한 경우도 있고, 울음소리나 냄새가 달라져서 서로를 알아보지 못해 교배하지 않는 경우도 생길 수 있다. 그래서 과학자들은 생물들이 자연 상태에서 서로 교배를 하지 않기 때문에 편의에 따라 다른 종으로 분류한 것이지, 생물들은 한 종류 안에서도 충분히 다양한 모습을 보일 수 있다. 그러나 이런 과정이 한 생물이 새로운 생물로 진화한 것이 결코 아니라는 것은 자명한 사실이다.

과학자들은 두 가지 격리 과정이 종분화를 일으킨다고 보고 있다. 첫째는 '지역적인 격리'를 통한 종분화이고, 둘째는 같은 장소에서 살지만 돌연변이** 같은 '생물학적 요소의 격리'를 통한 종분화다.

** 돌연변이: 유전정보에 들어 있는 DNA 분자가 여러 원인에 의하여 원본과 달라지는 것을 말한다. 돌연변이의 원인은 복제 과정에서 우연히 발생하는 내부적 원인과 방사선이나 화학물질 등의 영향 같은 외부 요인이 있다.

'지역적 격리'가 원인인 종분화의 예로 최고 1.8km 깊이에 길이 500km의 협곡인 그랜드캐니언에서 사는 다람쥐를 들 수 있다. 이 다람쥐는 콜로라도 고원을 동서로 횡단한다. 남쪽에 살고 있는 다람쥐와 생김새가 비슷하지만 꼬리에 하얀 줄무늬가 있는 북쪽 다람쥐가 있는데, 길이가 500km 이상, 깊이가 1km 이상의 협곡 때문에 지역적인 격리가 원인이 되어 종분화가 이루어진 것으로 보인다.

'생물학적 요소의 격리'가 원인인 종분화의 예로는 색깔과 모습이 아주 비슷한 미국 동부의 종달새와 서부의 종달새가 있다. 이들은 미국 중부에서는 서로 섞여서 살지만 노래 소리가 서로 달라 자연교배하지 않아 다른 종으로 분류된다.

또 어떤 창조과학자들은 각각 종보다 한 단계 위인 다른 속(Genus)으로 분류된 뱀들이지만 냄새를 맡지 못하게 하면 서로 자연교배를 한다는 사실을 알아냈다. 서로 다른 속에 속한 그 뱀들은 한 종류에서 종분화된 것이다. 어떤 물고기들은 색깔과 환경변화가 종분화가 일어난 원인이라고 한다. 이런 예들을 통해, 부리 크기나 성대의 특징, 혹은 냄새, 색깔 등 작은 유전정보의 변화(예를 들면, 돌연변이)들이 원인이 되어 한 종류 안에서도 종분화가 빠르게 일어날 수 있음을 알 수 있다.

홍수 직후 동물들이 방주에서 나와 번식을 시작했을 당시에 각 종류의 생물 수가 둘 또는 일곱 마리로 아주 적었기 때문에 종분화에 아주 좋은 조건을 갖고 있었다. 그리고 이들이 광대한 지구에 퍼져 살면서 급격히 종분화가 일어났을 것이다. 또한 200년밖에 지나지 않아 시작된 빙하시대와 갑작스러운 해빙으로 초래된 급격한 기후 변화는 불과 몇 세대 만에 종분화를 가능하게 하는 최적의 기간이었을 것이다. 두 마리의 개는 늑대로, 자칼로, 코요테로, 딩고로, 그리고 집에서 키우는 개로 종분화되었을 것이다. 마치 앞에서 언급한 다양한 순종 개를 인위적으로 만들듯이 빠르게 진행되었을 것이다.

고양이도 마찬가지다. 사자로, 호랑이로, 표범으로, 그리고 집고양이로 신속하게 종분화를 했음에 틀림없다. 중동의 낙타와 남미의 라마, 시베리아 호랑이와 아프리카의 사자, 늑대와 자칼과 코요테와 딩고 그리고 개들… 이들은 모두 수백 년 만에 다양하게 종분화된 것이다.

그러므로 홍수 직후 그리고 이어서 발생한 빙하시대 이후 엄청난 변이 가능성을 가진 동물들이 작은 집단으로 각각 다른 환경으로 흩어졌을 것을 생각해 보면 현재 코로 숨을 쉬는 동물들의 다양성이 전혀 문제되지 않을 뿐 아니라, 이와 같은 성경적 모델이 아니고는 제대로 된 설명이 불가능하다.

진화론자들은 이런 다양한 모습을 가지려면 아주 오랜 세월이 지나야 가능하다고 본다. 그 이유는 오늘날에는 그런 종분화 과정이 쉽게 관찰되지 않기 때문이다. 그러나 오늘날 자연 상태는 방주에서 나올 때처럼 동물 수가 그렇게 적지 않다는 것을 알아야 한다. 즉 새로운 모양이 등장해도 바로 큰 집단에 흡수되어 독특한 모습을 유지하기 어렵다.

또한 홍수 직후나 빙하시대와 같은 환경의 급격한 변화도 발생하지 않아서 새로운 격리도 발생하기 어렵다. 단지 인위적으로 격리시켰을 경우에나 가능할 뿐이다. 예를 들어 실험실에서 파리들을 인위적으로 분리시켜 교배함으로써 소규모 신종을 출현시키는 것이다. 더러 인도네시아와 같은 오지에서 새로운 종을 발견했다는 보고가 있지만, 기존의 같은 '종류'에 속하는 것 중에 독특한 모습을 가진 생물이 대부분이다.

진화론자들은 이런 종분화 과정을 소진화라고 부른다. 한편 아직 관찰된 적도 없지만 어떤 생물이 다른 종류로 변하는 과정을 대진화라고 부른다. 그러나 이 둘은 전혀 다른 이야기다. 마치 소진화가 계속되면 대진화로 진행된다는 희망에서 나온 용어라 할 수 있다. 실제로는 종류는 변하지 않고 그대로 있는 것이다. 진화론자들은 양쪽 모두에 진화라는 단어를 사용함으로써 자신들뿐 아니라 독자들도 헷갈리게 만들고 있다.

앞에서 개가 다양해지는 과정을 다시 보라. L과 S만 있을 뿐 유전정보가 추가된 것은 아니다. 오히려 추운 지방에 있는 개들은 S를 잃어버렸고, 따뜻한 지방으로 이동한 개들은 L을 잃어버린 것이다. 양쪽 모두 유전정보가 추가된 것이 아니라 오히려 잃어버린 것이다. 즉 생물들이 다양해지는 과정은 유전정보가 추가되면서 일어나는 것이 아니라, 유전정보를 재조합하거나 잃어버리면서 일어난다는 것을 알아야 한다. 그러나 진화 과정은 반드

시 유전정보의 추가를 요구한다. 실제로 유전정보의 추가 문제가
진화 과정을 설명하는 가장 어려운 부분이다.

사실 유전적 재조합에 의해 표현될 수 있는 생물 다양성은 일
반인들의 상상을 초월한다. 위에서 단지 L과 S만을 가지고 예를
들어서 그렇지 방주에서 나온 각 동물들은 수만 가지의 유전자들
을 가지고 있는데 이것들을 재조합할 경우 한 종류 내에서 거의
무한대의 다양성을 가진 생명체들이
생겨날 수 있다.* 이런 다양할 수 있는
유전적 가능성이 빙하시대 이후의 급
격한 환경 변화로 인해 오늘날 다양한
생물의 모습을 보여주고 있는 것이다.
이런 다양성은 진화가 아니라 유전정
보에 무한한 가능성을 담아 놓으신 그
분의 지혜다.

* 사람의 경우 부와 모에게서 물려받은 대립형질 유전정보의 평균 차이는 6.7%이고, 사람의 유전자 수는 25,000개이므로 난자와 정자가 만들어질 때 재조합되어 생길 수 있는 다양성은 $2^{(25,000)} \times 0.067 = 10^{(504)}$ 가지다. 우주에 들어 있는 총 원자의 합계(10^{80})와 비교해 볼 때 무한한 다양성을 가지고 있음에도 극히 일부분의 유전자 조합만이 현재 이 세상에서 표현되고 있음을 알 수 있다.

03

인종은
어떻게 설명할 수 있을까?

인종은 몇 가지나 될까? 가장 보편적인 생각이 흑인종, 황인종, 백인종이다.

그러나 2003년에 일단락된 인간 게놈 프로젝트에 의하면 인종은 하나뿐임이 확인되었다.

그동안 다른 인종이라고 생각해 온 사람들 간에 차이가 발견되지 않은 것이다.

그렇다면 '인종'이라는 말 자체가 어불성설이다.

인종에 대하여 가장 많이 등장하는 이야기는 이것이다. "셈은 황인의 조상, 함은 흑인의 조상, 야벳은 백인의 조상이다." 그러나 이런 상상이 결코 일어날 수 없다는 것은 조금만 생각하면 쉽게 알 수 있다. 과연 셈, 함, 야벳의 자녀들은 누구와 결혼했을까? 아무리 멀어도 사촌지간일 것이다. 그리고 셈, 함, 야벳의 자녀들이 또 자녀를 낳으면 이들에게 셈, 함, 야벳은 모두 이들의 친할아버지요, 외할아버지가 된다. 그다음 세대가 또 자녀를 낳았다면, 그들 모두에게 셈, 함, 야벳은 증조할아버지가 될 것이다. 이런 과정이 바벨탑 사건 이전까지는 계속되었을 것이므로 셈, 함, 야벳은 어떤 특정한 종족의 조상이 아닌 지금 살고 있는 모든 사람의 조상이 되는 것이다.

함이 흑인의 조상이라고 여기는 데는 노아가 함의 아들인 가나안을 저주했기 때문에 등장한 생각인 듯한데(창 9:25), 실제로 가나안 지역에 살던 사람들은 검은 피부를 갖고 있지 않다.

인종은 몇 가지나 될까? 사람들의 관점에 따라 다양한 대답을 얻을 수 있다. 가장 보편적인 생각이 흑인종, 황인종, 백인종 3가지를 말한다. 그러나 요즘 인종에 대해 조금 더 관심이 있는 사람들은 호주 원주민을 더해서 4가지로 말하기도 한다. 그러나 2003년에 일단락된 인간 게놈 프로젝트에 의하면 인종은 하나뿐

임이 확인되었다. 그동안 다른 인종이라고 생각해 온 사람들 간에 차이가 발견되지 않은 것이다. 사람들 간에 평균 유전자 차이는 0.12%에 불과한데 소위 다른 인종이라고 부르는 사람들이라고 해서 크게 차이가 없다.

실제로 종이란 말을 사용할 때 자연교배가 되는지 안 되는지가 가장 중요하다고 본다면 모든 인류가 서로 결혼할 수 있는 것으로 보아 인종이라고 부르는 것 자체가 어불성설이다. 그럼에도 불구하고 사람들은 색깔에 따라 사람들을 차별하였고 지금도 그 관습에 사로잡혀 있다. 진화론의 영향에서 자유롭지 못하기 때문이다.

사람의 피부색은 피부색소에 의해 결정되는데, 그 색소를 멜라닌(Melanin)이라고 부른다. 이 멜라닌의 많고 적음에 따라 피부색이 달라지게 된다. 멜라닌은 해로운 광선인 자외선을 흡수하여 해롭지 않은 열로 바꿈으로써 피부 세포의 DNA 손상을 막아 피부암 등이 발생하지 않도록 돕는 역할을 한다.

멜라닌 색소를 드러내는 데는 30가지 이상의 유전자들이 관련된 것으로 알려져 있는데 이중에는 자외선을 받으면 활성화되는 유전자도 있다. 어쨌든 앞의 종분화에서 다루었던 것처럼 이들 유전자의 조합에 의해서 피부색이 다양해진다는 것을 알 수 있다.

인구 이동이 적던 1940년대 이전의 세계인의 피부색 분포를

단 하나의 피부색소인 멜라닌의 표현 결과

보면 절대적이지는 않지만 더운 지방은 검고 추운 지방은 희었다. 흥미로운 것은 사람의 색깔 지도는 점진적이지 않다는 점이다. 한 경계를 지나면 확실하게 다른 피부색을 가진 사람들을 만난다. 만약 자연선택이나 문화나 종교에 의해 피부색이 구분된다면 한 지역에서 점점 멀어지면서 점진적인 색깔 변화를 보여야 할 것이다. 진화론적으로 수백만 년의 시간이 지나면서 다양해졌다면 오히려 지역 간의 색깔 경계가 무너졌어야 한다.

하지만 성경 역사를 통해서 보면 한 혈통이던 인류가 어떻게 그렇게 다양한 피부색을 갖게 되었는지, 가까운 지역임에도 어떻게 다른 피부색을 유지하게 되었는지를 쉽게 설명할 수 있다. 바로 빙하시대의 원인이 되었을 바벨탑 사건이 그 설명의 핵심 열

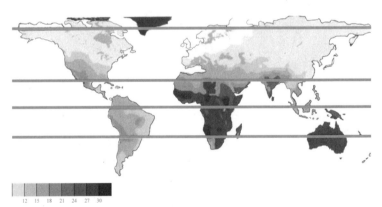

12 15 18 21 24 27 30

1940년대 이전의 피부색 분포.
색이 검을수록 검은 피부색을 띔을 의미한다.

쇠를 쥐고 있다.

앞서 설명한 대로 종분화 과정의 핵심은 지역적 격리와 자연선택이다. 만약 사람이 한 인종뿐이라면 언어도 하나고 함께 살아야 한다. 한 장소에서 흩어졌다면 한 지역을 벗어나면서 거리에 따라 점진적인 피부색 변화와 언어 변화를 보여야 한다. 그러나 실제로 피부색과 언어 변화는 급진적이다. 한 지역에서 접경 지역을 넘으면 확실한 차이를 보인다. 바로 언어 장벽에 의해 사람들이 나뉜 것이 사실임을 알 수 있다.

언어의 혼잡 이전에는 서로가 한 언어를 사용하면서 자유롭게 결혼하였을 것이므로 서로 간에 피부색 차이가 심하지 않았을 것이다. 예를 들어 한국은 반도 국가로 인구 이동이 심하지 않고 한 언어를 사용했기 때문에 사람들 간에 피부색 차이가 별로 나지 않는다. 약간 검은 피부색을 가진 사람이 태어날지라도 집단이 크므로 하얀 피부색을 가진 사람과 결혼함으로써 다시 평균치에 가까워진다. 그러므로 흑인 같은 극단적인 검은 피부가 나타나기 어렵고 백인 같은 극단적인 하얀 피부가 나타나기도 어렵다.

그러므로 격리된 어떤 결정적인 사건이 아니라면 불연속적인 피부색을 설명할 길이 없다. 그러나 성경에는 인류의 확실한 격리가 기록되어 있다. 바로 바벨탑 사건이다. 노아 홍수 이후 육지 동물들은 지구상의 각처로 흩어진 반면, 사람들은 하나님 말씀

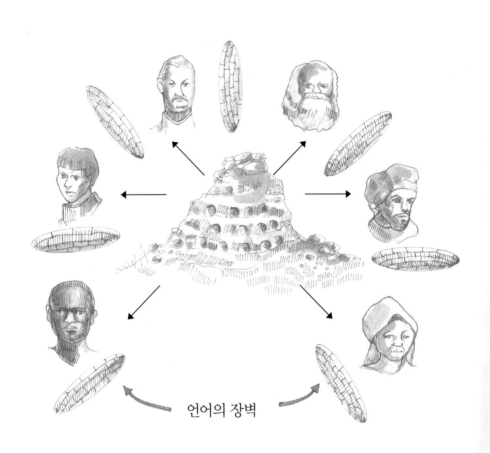

언어의 장벽

바벨시대 언어에 의한 격리 결과

을 거역하여 바벨에서 탑을 쌓으면서 "흩어지지 말자"고 했다(창 11:4). 그러므로 홍수 직전 인구가 적을 때도 피부색에 큰 차이가 없었을 것이다. 그러다가 바벨탑 사건으로 인해 언어가 달라지자 세계 곳곳으로 흩어지게 되었다. 언어 때문에 확실히 격리된 것이다.

또한 바벨탑 사건 때 하나님이 한 가족은 같은 언어를 사용하게 하셨다는 내용을 이미 다루었다. 즉 가족 단위로 격리가 이루어졌음을 의미한다. 또한 종분화는 집단이 작을수록 더 빠르게 일어난다고 이미 설명했다.

같은 이치로 한 가족의 구성원들은 다른 가족의 구성원들에 비해 유전정보 조합이 상대적으로 더 비슷한데, 작은 집단인 각 가정이 격리되었을 때 생김새와 피부색의 차이가 아주 빠른 속도로 증폭되었을 것이다. 이것이 각 민족의 경계를 넘어가면 눈에 띄게 달라지는 피부색 변화의 원인이다.

여기에 빙하시대 이후 급격한 기후 변화에 적응하면서 자연선택의 영향으로 각 민족마다 서로 다른 피부색을 갖게 되었을 것이다. 환경에 따라 유전자의 표현(on, off)이 변화되어 수명이 감소되었다는 설명과 마찬가지로, 피부색도 지역에 따라 관련 유전자들의 표현에 큰 변화가 있었을 것이고, 건강과 기호 등의 영향까지 더해져 새로운 유전자 조합이 선택되었을 것이다.

또 햇빛의 적응도에 따라 사람들이 이동하기도 했을 것인데, 그 결과 햇빛이 강한 지역은 멜라닌이 많은 검은 피부를, 햇빛이 약한 지역은 멜라닌이 적은 하얀 피부를 가진 사람들로 나뉘는 경향을 보여 주게 되었을 것이다. 그러나 자연선택이 절대적이지 않기 때문에 아메리카 인디언들은 적도 근처에 살지만 다소 밝은 색의 피부를 가질 수 있는 것이다.

인간 게놈 프로젝트 결과가 말하듯이 각 사람의 유전정보 차이는 피부색에 상관없으나, 피부색과 상관없이 모든 인류가 서로 결혼할 수 있다는 사실은 인류가 한 인종임을 확인해 준다.

2004년 〈네이처〉에 재미있는 논문이 게재되었다. 현재 인구를 기준으로 조상을 추적해 보았을 때 현 인류의 최초 조상은 169세대 만인 약 5000년 전에 시작되었다는 것이다.[*]

* Douglas L. T. Rohde, Steve Olson & Joseph T. Chang, "Modeling the recent common ancestry of all living humans", *Nature*, 431(7008), 2004, p. 562~6.

이때는 바로 성경의 노아시대가 아닌가? 실제로 노아 홍수 후 8명에서 시작해서 매년 0.6%의 인구 성장률만 적용해도 3828년이면 70억 명에 이르게 된다.

2009년 연간 인구 증가율은 1.1%였다. 인구 증가율을 적용해도 자료들은 성경적 역사와 잘 조화를 이룬다. 모든 증거들을 종합해 볼 때 이 모든 변화는 바벨탑 사건 이후 언어의 격리로 인해 짧은 시간 안에 이루어졌다고 확신할 수 있다.

"인류의 모든 족속을 한 혈통으로 만드사"(행 17:26).

"한 사람으로 말미암아 죄가 세상에 들어오고 죄로 말
미암아 사망이 들어왔나니"(롬 5:12).

성경은 하나의 인종을 말한다. 우리 모두는 첫 조상 아담과 하
와의 후손이며, 더 좁게 가면 홍수 심판 때 구원받은 노아의 후손
이다. 그리고 하나님을 단체로 대적했던 바벨탑 사건 이래로 가
족끼리 흩어졌던 것이다. 우리가 갖고 있는 과학적 근거는 바로
이 사실을 지지하고 있다.

Part.
06

욥기에
담긴 비밀을
풀어헤치며

욥기에서 욥은 이스라엘 사람이 아니라 우스에서 사는 동방 사람이다. 그럼에도

불구하고 욥뿐 아니라 친구들은 모두 하나님과 창세기 11장까지의 사건들을 분명

히 알고 있었다. 이것은 이들이 노아나 셈이 생존하던 때 일어난 홍수 심판 사건

에서 그리 멀리 떨어지지 않은 시기에 살았다고 보면 쉽게 이해된다. 또한 이들은

바벨탑 때 종족들이 흩어지고, 그 흩어진 나라들 가운데서 하나님께서 아브라함

을 택하시기 이전까지의 격동적 시기를 살던 인물들이다. 그러므로 욥기를 이해

하면, 바벨탑 사건이 기록된 창세기 11장과 하나님께서 아브라함을 택하시는 12

장을 연결하는 실마리를 얻게 된다.

01

다시
욥기로 돌아와서

욥의 나이나 대화 내용을 보면 그가 살던 시기가 홍수 심판과 아브라함 사이의

어떤 시점임을 알 수 있다. 창조, 타락, 홍수 심판, 그리고 바벨탑…

욥과 친구들에게는 인류 역사의 굵직한 역사들이 그다지 막연한 이야기가 아니었다.

이 책의 서두에서 욥기와 함께 빙하시대로 들어섰다. 다시 그 욥기로 돌아가 보자. 욥기 하면 가장 먼저 떠오르는 단어는 고난일 것이다. 주인공인 욥이 겪은 상황은 그야말로 고난의 대명사 격이라 할 만하다. 소유하던 만 마리 이상의 모든 가축을 잃고, 열 명의 자식들도 모두 죽고, 나중에 온몸에 종기까지 나서 친구들조차 자신을 알아볼 수 없을 정도가 되는 육체적인 고난까지….

그러나 욥기는 단지 한 개인이 겪은 고난 이야기만이 아니다. 성경 66권 중 가장 난해하고 신비로운 책 가운데 하나로 꼽히기도 한다.

사건이 발생한 자세한 시대적 상황의 설명도 없이 책의 내용은 거의 고난 받고 있는 욥과 그를 찾아온 친구들의 대화로 진행된다. 이들은 마치 높은 경지에 이른 현인들처럼 길고도 어려운 대화를 주고받는다.

또한 이 대화 가운데 등장하신 하나님은 "너는 대장부처럼 허리를 묶고 내가 네게 묻는 것을 대답할지니라"(욥 38:3)고 하면서 욥과 친구들에게 긴 질문을 일방적으로 던지시기도 한다. 내용이 어렵기도 하고 그만큼 신비스럽기도 한 욥기. 그러나 지루한 듯한 긴 변론 속에서 등장인물들의 대화와 하나님께서 이들에게 던지시는 질문을 꼼꼼히 살펴 보면, 인류 역사 가운데 아주 중요한 어떤 시기를 엿볼 수 있다. 또한 짧고 간결하지만 책의 시작과 마무리의 설명을 지나치지 않고 세심히 살펴보면, 욥기는 고난 뒤에 주시는 축복에 대한 의미뿐 아니라 역사의 실마리를 풀어 주는 귀한 열쇠로서 다가오게 된다.

욥이 살던 시대는 창세기 1장에서 11장을 제외하고 가장 오래된 시기로 보인다. 그렇게 생각하는 데는 여러 이유가 있다. 아마도 겉보기에 가장 눈에 띄는 단서로는 욥의 나이일 것이다. 욥이 사망한 나이가 정확히 언급되어 있지 않으나 어느 정도 유추는 가능하기 때문이다.

욥은 고난이 시작될 때 열 명의 자식이 있었으며, 이 자녀들은 잔치를 베풀 정도로 장성했다.

> "그에게 아들 일곱과 딸 셋이 태어나니라… 그의 아들
> 들이 자기 생일에 각각 자기의 집에서 잔치를 베풀고"
>
> (욥 1:2, 4).

즉 자녀들이 잔치를 베풀 정도로 장성했다는 것은 당시 욥의 나이가 어느 정도 지긋했음을 의미한다. 그런데 욥의 고난이 끝난 후에 기록은 다음과 같다.

"그 후에 욥이 백사십 년을 살며 아들과 손자 사 대를

보았고"(욥 42:16).

그렇다면 욥의 나이를 통해 볼 때, 욥은 아브라함(170세)과 그의
아버지 데라(205세)뿐 아니라, 그 이전 조상이며 바벨탑 직후의 스
룩(230세), 르우(239세), 벨렉(239세)과 동시대에 살았을 수도 있다.
즉 욥은 바벨탑 이후에서 아브라함 시대 사이에 살던 사람들과
대비되는 것이다.

빙하시대 기간이 노아 홍수가 끝난 후 200년 경에 시작하여 약
500년 동안 이어졌다면, 빙하시대는 길게는 야곱이 살던 시대까
지도 이어진다. 그런 면에서 욥은 빙하시대의 중심에 살았을 가
능성이 높다.

창세기 11장의 족보는 다음 자손을 낳은 나이와 사망한 나이가
자세히 적혀 있다. 이 족보를 토대로 볼 때, 방주에서 나온 후에
노아는 350년을, 셈은 502년을 더 살았다. 그리고 노아가 사망
했을 즈음, 그리고 셈이 여전히 살아 있을 때 아브라함이 태어났
다. 만약 욥과 친구들이 아브라함 이전 사람이라면 이들은 노아
나 그의 아들들과 동시대에 살았다는 말이 된다. 그렇다면 욥과
친구들은 이 놀라운 심판 사건을 생생하게 전해 들었을 것이다.
마치 한국전쟁을 겪은 할아버지가 이를 경험하지 못한 아들이나

손주에게 말해 주는 것만큼 말이다.

이런 분위기는 욥과 친구들 그리고 하나님의 대화에서 상당 부분 엿볼 수 있다. 홍수 심판을 암시하는 말들을 아주 사실적으로 표현하고 있으며, 평범한 자연과정이 아닌 땅들이 뒤집어지는 격변적 홍수 심판 사건을 떠올리게 한다.

욥의 말이다.

"그가 진노하심으로 산을 무너뜨리시며… 그가 땅을
그 자리에서 움직이시니"(욥 9:5-6).

"그가 물을 막으신즉 곧 마르고 물을 보내신즉 곧 땅을
뒤집나니"(욥 12:15).

친구인 엘리바스는 홍수 때 멸망 받은 자들을 엿볼 만한 표현을 한다.

"네가 악인이 밟던 옛적 길을 지키려느냐 그들은 때가
이르기 전에 끊겨 버렸고 그들의 터는 강물로 말미암
아 함몰되었느니라"(욥 22:15-16).

하나님께서 직접 말씀하시는 장면은 홍수가 시작할 때 '큰 깊음의 샘들이 터지는'(창 7:11) 과정을 더욱 분명히 그리게 한다. 마치 그 질문을 듣는 욥과 친구들이 이 사실을 알고 있는 듯이 말씀하신다.

> "바다가 그 모태에서 터져 나올 때에 문으로 그것을 가
> 둔 자가 누구냐 그때에 내가 구름으로 그 옷을 만들고
> 흑암으로 그 강보를 만들고"(욥 38:8-9).

하나님은 홍수 후반부인 전 지구를 덮은 물이 바다로 물러가며 마무리되는 과정도 언급하신다.

> "(바다의) 한계를 정하여 문빗장을 지르고 이르기를 네가
> 여기까지 오고 더 넘어가지 못하리니 네 높은 파도가
> 여기서 그칠지니라 하였노라"(욥 38:10-11).

높은 파도가 더 넘어가지 못하게 하신다는 말씀은 마치 홍수 심판을 마무리하며 다시는 물로 심판하지 않겠다는 무지개 언약을 상기시키지 않는가?

뿐만 아니다. 욥과 친구들은 홍수 이전에 사람이 어떻게 창조

되었으며 죄를 지은 후에 어떻게 되었는지를 기록한 창세기 2장과 3장의 내용, 즉 사람이 흙으로 창조되었으며(창 2:7) 죄의 대가로 다시 흙으로 돌아가게 된(창 3:19) 사실을 알고 있었다.

욥의 말을 들어 보자.

> "기억하옵소서 주께서 내 몸 지으시기를 흙을 뭉치듯
> 하셨거늘 다시 나를 티끌로 돌려 보내려 하시나이까"
> (욥 10:9).

엘리후 역시 알고 있었다.

> "모든 육체가 다 함께 죽으며 사람은 흙으로 돌아가리
> 라"(욥 34:15).

욥의 마지막 고백은 더욱 구체적인 묘사를 하고 있다.

> "내가 언제 다른 사람(아담)처럼 내 악행을 숨긴 일이 있
> 거나 나의 죄악을 나의 품에 감추었으며"(욥 31:33).

한국어 성경은 '타인' 또는 '다른 사람'으로 번역되어 있지만, 히

브리어 성경은 '아담'으로 쓰여 있으며 어떤 영어 성경은 그대로 '아담'(Adam)으로 번역했다. 실제로 이 단어를 아담으로 읽어 보면 아담이 선악과를 먹은 후 자신의 죄를 남에게 미루는 모습을 구체적으로 느낄 수 있다(창 3:13). 이어지는 욥의 고백 중에 등장하는 가시나무(개역한글에선 찔레)와 독보리(개역한글에선 잡풀)도 마치 죄의 결과로 등장하기 시작한 가시덤불과 엉겅퀴를 연상케 한다(창 3:18).

> "그 소유주가 생명을 잃게 하였다면 밀 대신에 가시나
> 무가 나고 보리 대신에 독보리가 나는 것이 마땅하니
> 라"(욥 31:39-40).

과연 성경 안에서 어떤 사람들이 홍수 이전의 창세기 기록을 이들과 같이 사실적으로 언급하고 있을까?

그뿐 아니다. 홍수 심판과 하나님께서 아브라함을 선택하신 사건 사이에 일어난 또 하나의 중요한 사건이 있다. 바로 바벨탑 사건이다. 바벨탑은 하나님께서 방주에서 나온 노아에게 하신 "땅에 충만하라"는 명령을 어기고 "흩어짐을 면하자"며 탑을 건축하여 인류가 단체로 하나님께 대적한 사건이다. 이 일로 인해 하나님께서 언어를 혼잡하게 하여 인류를 흩으셨다.

그렇다면 욥과 친구들은 이 바벨탑 사건도 누구보다 현장감 있

게 기억하고 있었을 것이다. 그런데 욥에게서 실제로 경험한 듯한 고백이 나온다.

> "민족들을 커지게도 하시고 다시 멸하기도 하시며 민족들을 널리 퍼지게도 하시고 다시 끌려가게도 하시며… 나의 눈이 이것을 다 보았고 나의 귀가 이것을 듣고 깨달았느니라"(욥 12:23, 13:1).

또한 욥기의 대화에는 다른 성경과 구별되는 점이 하나 발견된다. 이 부분도 당시가 하나님께서 이스라엘을 택하시기 이전이라고 생각하면 잘 맞아떨어진다. 이들은 서로 변론하며 남의 잘못을 지적하기도 하고 자신의 의로움을 내세우기도 하지만, 어느 누구도 이스라엘이나 이스라엘이 받은 계명이나 율법을 언급하지 않는다. 하나님께서 이스라엘 민족에게 행하신 내용도 없다. 이들이 참으로 많은 것을 알고 있으나 율법이나 계명을 받지 않았음을 내포하고 있는 것이다.

욥기에서 욥은 이스라엘 사람이 아니라 우스에서 사는 동방 사람이다(욥 1:1, 3). 그럼에도 불구하고 욥뿐 아니라 친구들은 모두 하나님과 창세기 11장까지의 사건들을 분명히 알고 있었다. 이것은 이들이 노아나 셈이 생존하던 때 일어난 홍수 심판 사건에서 그리 멀리 떨어지지 않은 시기에 살았다고 보면 쉽게 이해된다.

이와 같이 욥의 나이나 대화 내용은 그가 살던 시기가 홍수 심판과 아브라함 사이의 어떤 시점임을 말한다고 볼 수 있다. 창조, 타락, 홍수 심판 그리고 바벨탑… 욥과 친구들에게는 인류 역사의 굵직한 역사들이 그다지 막연한 이야기가 아니었다. 또한 이들은 바벨탑 때 종족들이 흩어지고, 그 흩어진 나라들 가운데서 하나님께서 아브라함을 택하시기 이전까지의 격동적 시기를 살던 인물들이다.

창세기를 읽을 때, 하나님께서 아브라함을 택하시기 전후인 11장과 12장 사이에 커다란 간격이 있다고 느껴지기도 한다. 그러나 이런 느낌은 창조-노아 홍수-바벨탑 사건으로 이어지는 11장까지의 역사가 막연하기 때문이다. 그리고 대부분의 사람들이 아브라함이 선택됐던 12장부터는 많이 언급하고 그 이전은 잘 언급하지 않기 때문일 수도 있을 것이다. 그러나 성경은 족보 상에서도 이들 사이에 어떤 간격도 암시하지 않는다. 오히려 바벨탑 이후부터 아브라함을 택하는 일련의 과정을 분명하게 기록하고 있다.

그러므로 욥기를 이해하면, 바벨탑 사건이 기록된 창세기 11장과 하나님께서 아브라함을 택하시는 12장을 연결하는 실마리를 얻게 된다.

이런 여러 이유 때문에 신비로운 책인 욥기의 비밀이 하나씩 벗겨질 때마다 그만큼 감동도 크다. 그만큼 욥기가 우리가 궁금해하는 역사적 사실을 밝혀 주는 중요하고도 고마운 책으로 변한다.

욥기에 유난히 여러 번 등장하는 단어가 있다고 이미 언급한 바 있다. 바로 얼음, 눈, 서리, 폭풍 등과 같은 추위와 관련된 단어들이다. 욥과 친구들이 바벨탑 당시의 사람이라면 이들이 이런 단어를 사용하는 것이 전혀 어색하지 않다. 뿐만 아니라 추위에 대한 단어들을 통해 빙하시대를 경험하던 사람들의 모습을 엿볼 수 있다.

자, 이제 그 표현들을 다시 읽어 보면 느낌이 다르지 않을까?

"얼음이 녹으면 물이 검어지며 눈이 그 속에 감추어질지라도 따뜻하면 마르고 더우면 그 자리에서 아주 없어지나니"(욥 6:16-17).

"내가 눈 녹은 물로 몸을 씻고 잿물로 손을 깨끗하게 할지라도"(욥 9:30).

"가뭄과 더위가 눈 녹은 물을 곧 **빼앗나니**"(욥 24:19).

"눈을 명하여 땅에 내리라 하시며 적은 비와 큰 비도 내리게 명하시느니라"(욥 37:6).

"폭풍우는 그 밀실에서 나오고 추위는 북풍을 타고 오느니라 하나님의 입김이 얼음을 얼게 하고 물의 너비를 줄어들게 하느니라"(욥 37:9-10).

"네가 눈 곳간에 들어갔었느냐 우박 창고를 보았느냐"(욥 38:22).

"얼음은 누구의 태에서 났느냐 공중의 서리는 누가 낳았느냐 물은 돌같이 굳어지고 깊은 바다의 수면은 얼어붙느니라"(욥 38:29-30).

02

공룡의 비밀을
풀어 주는 욥기

진화론자들에게 공룡은 진화를 설명하는 확실한 아이콘이다.

그러나 진화론의 아이콘인 공룡을 통해서 오히려 창조, 홍수 심판, 바벨탑으로 이어지는

성경이 역사적 사실이라는 점을 뒷받침하는 근거를 마련할 수 있다.

욥기에는 지금은 살고 있지 않은 세 동물의 이름이 등장한다(욥 3:8, 7:12, 40:15, 41장). 히브리어 원어로 베헤못, 리워야단, 탄닌이라는 동물들이다. 개역한글 성경에는 하마, 악어, 시랑, 용, 뱀 등으로 번역했다. 이 동물들이 오늘날 살고 있지 않는데도 불구하고 빙하시대 영향권에 있던 욥의 시대에 등장 인물들이 마치 직접 보고 있거나 확실히 알고 있는 것처럼 언급하고 있다.

단지 성경뿐 아니다. 과거엔 살았지만 지금은 살지 않는 멸종 동물들이 있다는 것은 잘 알려진 사실이다. 앞에서 다룬 매머드도 그중 하나다. 그러나 무엇보다도 가장 유명한 멸종 동물은 공룡일 것이다. 거대하고 독특한 모습의 화석 뼈들… 화석은 과거에 살던 생물이므로 공룡이 과거에 존재했다는 사실은 의심의 여지가 없다. 그러므로 공룡에 관해 더 궁금한 것은 그 존재 여부가 아니라, 지금은 왜 이들이 살고 있지 않을까이다.

공룡의 멸종에 대하여는 여러 이론들이 나왔지만 어느 것 하나 만족스럽지 못하다. 그중 가장 잘 알려진 이론이 운석충돌설이다. 멕시코 유카탄 반도에 있는 어떤 지역에 운석이 떨어지자 그 충격으로 화산 폭발과 대지진이 발생하여 화산재가 대기권을 뒤덮어 수십 수백 년 동안 햇빛이 차단되어 빙하시대가 도래하고 커다란 파충류인 공룡이 추위와 먹이 문제로 멸종되었다는 것이다. 그러나 이 책에서 여러 번 강조했듯이 빙하시대는 날씨가 춥다고 발생하는 것이 아니라 눈이 많이 내려야 한다. 그러므로 이 이론은 빙하시대의 가장 근본적인 부분에서부터 빗나갔다.

만약 운석으로 인해 추위가 왔다고 해도 왜 하필이면 공룡만 멸종했을까? 실제로 공룡은 몸집이 큰 것만 있는 것이 아니다. 화석상에 나타난 공룡의 평균 크기는 조랑말 정도다. 어떤 것은 수탉만 한 것도 발견된다.

진화론자들은 공룡이 1억 6000만 년 전인 중생대 트라이아스 기에 출현하여 6500만 년 전인 중생대 백악기에 멸종했다고 말한다. 그러나 어떤 지질학자도 공룡 화석의 나이를 직접 측정하지 않았을 뿐 아니라, 진화론자들이 말하는 생물들이 진화를 겪은 수십 억 년이라는 지질시대는 지구상에 존재하지도 않는다.[*]

* 화석의 연대 측정과 지질시대에 대한 자세한 내용은 《노아 홍수 콘서트》, 이재만, 두란노, 2009 참고.

실제로 기존에 7000만 년 전의 공룡 화석이라고 추정하던 뼈를 현미경으로 관찰했을 때, 신선한 뼈에서나 나올 수 있는 혈구와 헤모글로빈이 관찰되어 뉴스가 된 적도 있다. 그러므로 공룡이 수천만 년 전에 살다가 멸종했다는 것은 진화론적 사고의 틀에서 해석하려는 노력일 뿐이지, 실제 공룡 화석의 양상은 진화론적 틀에 잘 맞아떨어지지 않는다.

이 책을 통해 과거에 대한 궁금증들이 성경적 틀에서 쉽게 해결된다는 것을 안 이상, 공룡도 성경을 통해 이해하려는 시도를 주저할 필요가 없다. 공룡 역시 다른 궁금증과 비슷하게 노아 홍수를 중심으로 시작하는 것이 이해하기 가장 쉽다.

하나님께서 홍수 심판을 하실 때 코로 호흡하는 동물들은 모두 죽었다고 했기 때문에(창 7:22), 방주 밖에 있던 공룡은 홍수 동안에 모두 죽었을 것이다. 이들 중 어떤 것은 흙에 매몰되어 화석으로 남았을 것이다. 그리고 코로 숨을 쉬는 땅 위의 모든 동물 종류들은 방주에 탔다고 했으므로, 공룡도 종류대로 두 마리씩 방주에 탔을 것이다. 또한 홍수 후에 방주에 탔던 동물들은 모두 나왔다고 했으므로 공룡도 방주에서 나와 홍수 후에 살아남았을 것이다.

이 공룡들은 습윤사막 시기에는 어느 정도 번성했다가 빙하시대가 시작되면서 어려움을 겪었고, 그 후에 극심해진 추위와 더위로 인해 그 수가 점차 줄어들었을 것이다. 오늘날의 극단적인 추위와 더위, 사막, 동토는 모두 빙하시대의 산물이기 때문이다.

실제로 이와 같은 성경적 틀 안에서는 공룡 역시 어렵지 않게 이해될 수 있다. 그렇다면 전 우주의 역사책인 성경 어디에 공룡에 대한 언급이 있어야 하지 않을까? 그러나 하나 염두에 두어야 할 것은, 공룡이란 단어는 1842년에 처음 만들어진 단어이므로 성경에서 '공룡'(dinosaur)과 똑같은 단어를 찾는다는 것은 무리라는 점이다. 오히려 어떤 동물을 묘사한 것에 주목해야 할 것이다.

그런데 하필이면 공룡이 아직 멸종되기 전인 빙하시대의 영향
권인 욥이 살던 시대에 이를 그려 볼 수 있는 동물들이 등장한다.
그 가운데 베헤못에 대하여 살펴보자. 하나님께서 욥에게 직접
말씀하시는 대목이다.

> "이제 소같이 풀을 먹는 베헤못을 볼지어다
> 내가 너를 지은 것같이 그것도 지었느니라
> 그것의 힘은 허리에 있고 그 뚝심은 배의 힘줄에 있고
> 그것이 꼬리 치는 것은 백향목이 흔들리는 것 같고
> 그 넓적다리 힘줄은 서로 얽혀 있으며
> 그 뼈는 놋관 같고 그 뼈대는 쇠막대기 같으니
> 그것은 하나님이 만드신 것 중에 으뜸이라…
> 강물이 소용돌이칠지라도 그것이 놀라지 않고
> 요단 강 물이 쏟아져 그 입으로 들어가도 태연하니
> 그것이 눈을 뜨고 있을 때 누가 능히 잡을 수 있겠으며
> 갈고리로 그것의 코를 꿸 수 있겠느냐"(욥 40:15 - 24).

베헤못을 어떤 성경은 하마 또는 코끼리로 번역했지만 오늘날
의 살아 있는 동물 중에서 번역을 찾으려고 하다가 정한 것이지
아무리 보아도 하마나 코끼리는 아니다. 꼬리 치는 것이 백향목

베헤못과 백향목

이 움직이는 것 같다고 했지만 하마와 코끼리의 꼬리는 가늘고 짧다. 덩치가 커서 요단 강 정도에도 꿈쩍하지 않는다고 했다. 이 모습을 그대로 그려 보면, 가장 큰 공룡 중 하나인 브라키오사우루스를 보는 것 같지 않은가? 더군다나 하나님은 마치 욥이 이 동물을 보고 있는 것같이 '볼지어다'로 시작하며 말씀하신다.

　이런 모습은 41장에 등장하는 리워야단도 마찬가지다. 어떤 성경은 악어로 번역하지만, 묘사된 것을 보면 악어와 일치하지 않는다. 독특한 혀, 코, 가죽, 머리, 턱, 이빨, 비늘, 눈, 목덜미, 돌 같은 가슴 등, 게다가 입에서는 횃불과 불꽃이 나오고, 콧구멍에

서는 연기가 나온다고 했다 . 아무리 보아도 지금 살고 있지 않은
동물이다.

"네가 낚시로 리워야단을 끌어낼 수 있겠느냐

노끈으로 그 혀를 맬 수 있겠느냐

너는 밧줄로 그 코를 꿸 수 있겠느냐

갈고리로 그 아가미를 꿸 수 있겠느냐

…

네가 능히 많은 창으로 그 가죽을 찌르거나

작살을 그 머리에 꽂을 수 있겠느냐

네 손을 그것에게 얹어 보라

다시는 싸울 생각을 못하리라

참으로 잡으려는 그의 희망은 헛된 것이니라

그것의 모습을 보기만 해도 그는 기가 꺾이리라

…

누가 그것의 턱을 벌릴 수 있겠느냐

그의 둥근 이틀은 심히 두렵구나

그의 즐비한 비늘은 그의 자랑이로다

튼튼하게 봉인하듯이 닫혀 있구나

…

그것이 재채기를 한즉 빛을 발하고

그것의 눈은 새벽의 눈꺼풀 빛 같으며

그것의 입에서는 횃불이 나오고 불꽃이 튀어 나오며…

그의 입김은 숯불을 지피며 그의 입은 불길을 뿜는구나

그것의 힘은 그의 목덜미에 있으니

그 앞에서는 절망만 감돌 뿐이구나

…

그것이 일어나면 용사라도 두려워하며 달아나리라

칼이 그에게 꽂혀도 소용이 없고

창이나 투창이나 화살촉도 꽂히지 못하는구나

그것이 쇠를 지푸라기같이,

놋을 썩은 나무같이 여기니

화살이라도 그것을 물리치지 못하겠고

물맷돌도 그것에게는 겨같이 되는구나

그것은 몽둥이도 지푸라기 같이 여기고

창이 날아오는 소리를 우습게 여기며

…

세상에는 그것과 비할 것이 없으니

그것은 두려움이 없는 것으로 지음 받았구나

그것은 모든 높은 자를 내려다보며

모든 교만한 자들에게 군림하는 왕이니라"(욥기 41장).

욥기 7장 12절에 '바다 괴물'(개역한글엔 용)로 번역된 '탄닌'은 욥기에 언급된 세 동물들 중 구약성경에서 가장 많이 등장하는 동물인데, 큰 바다 짐승, 승냥이(개역한글에선 시랑), 용, 뱀, 큰 물고기, 악어 등으로 번역되었다. 창세기(1:21), 출애굽기(7:9), 시편(44:19, 74:13, 91:13, 148:7), 이사야(13:22, 27:1, 34:13, 35:7, 43:20, 51:9), 예레미야 (9:11, 10:22, 14:6, 49:33, 51:34, 51:37), 에스겔(29:3, 32:2) 등 20군데 이상에서 등장하며, 오늘날 볼 수 없는 기괴한 동물을 의미한다.

하나님이 큰 물고기와 물에서 번성하여 움직이는 모든 생물을 그 종류대로, 날개 있는 모든 새를 그 종류대로 창조하시니 하나님의 보시기에 좋았더라(창 1:21, 개역한글).

너의 지팡이를 들어서 바로 앞에 던지라 하라 그것이 뱀이 되리라(출 7:9).

주께서 우리를 승냥이의 처소에 밀어 넣으시고 우리를
사망의 그늘로 덮으셨나이다(시 44:19).

그날에 여호와께서 그의 견고하고 크고 강한 칼로 날
랜 뱀 리워야단 곧 꼬불꼬불한 뱀 리워야단을 벌하시
며 바다에 있는 용을 죽이시리라(사 27:1).

바벨론이 돌무더기가 되어서 승냥이의 거처와 혐오의
대상과 탄식 거리가 되고 주민이 없으리라(렘 51:37).

주 여호와께서 이같이 말씀하시되 애굽의 바로 왕이여
내가 너를 대적하노라 너는 자기의 강들 가운데에 누
운 큰 악어라 스스로 이르기를 나의 이 강은 내 것이라
내가 나를 위하여 만들었다 하는도다(겔 29:3).

이 특이한 동물이 성경에만 기록되어 있다면 이상할 것이다.
실제로 존재하지 않는 기괴한 동물이 성경에만 등장하는 것은
아니다. 어느 나라건 전설로 전해지는 동물이 있는데 바로 '용'
(dragon)이다. 한국은 물론 아시아, 유럽, 중동, 북미 인디언 등의
나라들에서 용에 대한 전설이 내려오고 있다. 전설뿐 아니라 벽

화나 조각품 등에서 오늘날 공룡 그림책에서나 볼 수 있는 그림들이 발견된다.

북미 인디언들이 그려 놓은 그랜드캐니언의 하바수파이 암벽화, 유타 주 아나사지 인디언의 벽화, 1200년에 건축된 캄보디아

리워야단을 연상시키는 용의 상상도

의 한 사원, 중국 상나라 왕조 때의 조각품, BC 530년 터키의 공예품, 200년 로마의 모자이크 등에서 발견되었다. 서로 다른 시대와 지역에서 살았음에도 공통된 그림이 발견되는 것이 놀랍지 않은가?

용에 대한 전설도 공룡이나 수룡 혹은 익룡의 실재에 대한 좋은 기록이 될 것이다. 동양의 용은 주로 물에서 사는 파충류의 모습을 가지고 있는데 여러 가지 동물들의 특징이 종합되어 있다. 이 용은 여러 가지 능력이 있어 천기를 바꿀 수도 있다고 하여 사람들의 숭배 대상이 되기도 했다.

한편 서양의 용은 동양의 용과 모습도 다르고 사는 곳도 다르다. 날카로운 발톱을 갖고 육지에 살면서 사람들과 적대하는 모습으로 등장한다. 동양의 용과 마찬가지로 불을 뿜기도 하고 날개가 있어 하늘을 날기도 한다. 중국이나 한국의 용, 그리스의 신화, 영국의 성 조지와 용, 프랑스의 성 마르타와 용 등 동서양의 용에 관한 수많은 신화와 전설들을 보면 실제로 살았던 공룡과 어룡 혹은 익룡들의 이야기가 이어져 오면서 그 모습과 행태가 재구성된 것이란 생각을 하게 한다.

어린이들에게 "가장 좋아하는 동물이 무엇이냐?"고 물으면 놀랍게도 살아 있는 사자나 호랑이가 아니라 한 번도 보지 못한 공룡을 꼽는다. 아마 본 적이 없고 무궁무진한 상상을 펼 수 있어서 더 좋아하는지도 모른다.

진화론자들에게 공룡은 진화를 설명하는 인기 있는 아이콘이다. 매스컴에서도 수천만 년 전에 진화의 과정 중에 살다가 사라진 신비한 동물로 공룡을 묘사한다. 그러나 진화론의 아이콘인 공룡을 통해서 오히려 창조, 홍수 심판, 바벨탑으로 이어지는 성경이 역사적 사실이라는 점을 뒷받침하는 근거를 마련할 수 있다.

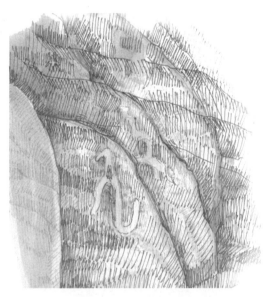

그랜드 캐니언에서 발견된 하바수파이 암벽화

캄보디아 사원에서 발견된 공룡 조각

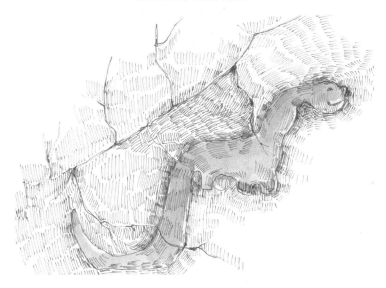

유타 주 아나사지에서 발견된 공룡 암벽화

부록

석회동굴과
지구온난화

현재 빙하가 녹아서 후퇴하는 것은 그리 이상한 문제가 아니다. 지구는 원래 빙하라는 것이 존재하지도 않았기 때문이다. 지구온난화는 어떤 면에서 지구가 수십억 년 되었다는, 그래서 빙하기가 있고 간빙기가 반복했다는 사고의 틀에서 등장했다고 할 수 있다. 하나님은 인간에게 "땅을 정복하라"고 했다. 물론 이 명령은 환경을 파괴하라는 것이 아니라 하나님께서 보시기에 좋았던 창조 당시의 환경을 유지하라는 것이다. 그러므로 당연히 우리는 공해와 산업폐기물에 지대한 관심을 가져야 하며, 이는 하나님의 명령을 수행하는 중요한 일이다.

노아 홍수와 빙하시대의 작품, 석회동굴

지구상에 신비스러운 모습 가운데 하나가 있는데 바로 석회동굴이다. 동굴 천장에 달린 종유석, 종유석 아래 바닥에서 성장한 석순, 종유석과 석순이 만나 기둥을 이룬 석주… 과연 석회동굴은 어떤 과정으로 만들어졌을까? 과연 노아 홍수 격변과 빙하시대가 성경적으로 이해된다면 이들은 그 가운데 어느 시대에 형성되었다고 설명할 수 있을까?

대부분의 동굴 설명서를 보면 석회동굴과 동굴 형성물이 수백만 년의 오랜 세월 동안 형성되었다고 말한다. 이런 생각은 오늘날 종유석이나 석순이 자라는 속도를 과거에 동일하게 적용하여

석회동굴

얻은 숫자다. 그러나 동굴 형성 속도가 느리다는 이론은 지질학적 실험에 의해 얻어진 것이 아니다. 오늘날 많은 지질학자들은 동굴 형성물이 언젠가 빠르게 성장했다는 것을 지지한다. 왜냐하면 동굴이 성장할 때와 비슷한 조건인 터널, 다리, 댐, 광산, 지하실 등에서 시멘트가 녹아 동굴 형성물과 동일한 모양이 만들어진 것을 어렵지 않게 관찰할 수 있기 때문이다. 또한 석순과 같은 동굴 형성물 속에서 동물들의 화석이 발견되기도 하는데, 이는 이 동물들이 부패되기 전에 석순이 이들을 빠르게 덮었다는 것을 보여 주는 또 다른 증거다.

먼저 석회동굴의 모습을 보자. 석회동굴은 크게 두 가지로 나뉜다. 하나는 동굴 자체이며, 다른 하나는 종유석, 석순, 석주 등의 동굴 형성물이다. 이 동굴 형성물들을 보면 한결같이 그 모습이 자연스럽다.

이것은 동굴 안에서 이들이 다른 방해를 받지 않고 자유롭게 성장하였으며 그 후에도 다른 물리적 영향을 받지 않고 잘 보존되어 왔음을 보여 준다. 그리고 먼저 동굴이 완전히 형성된 다음에 그 공간에서 동굴 형성물이 성장했음을 말해 준다. 즉 동굴의 확장과 동굴 형성물의 성장이 동시에 일어날 수 없다는 말이다. 왜냐하면 동굴 형성물이 만들어진 후에 동굴이 확장되는 과정이 있었다면, 기존에 만들어진 동굴 형성물들이 모두 파괴되었을 것이기 때문이다. 오늘날도 동굴 자체가 확장되는 경우는 없다. 이는 석회동굴 자체나 동굴 형성물이 성장할 당시는 지금과는 아주 다른 조건이었음을 말해 준다.

석회동굴을 이해하기 위해서는 석회암에 대한 이해가 먼저 필요하다. 시멘트의 원료이기도 한 석회암은 다른 암석에 비해 쉽게 단단해지기도 하지만 물에 의해 쉽게 용해되기도 한다. 이는 분말 시멘트에 물을 부으면 쉽게 단단해지고, 또 단단해진 시멘트가 빗물에 의해 쉽게 용해되는 모습을 통해서 알 수 있다.

석회암을 녹게 하는 데 영향을 주는 요소가 있는데, 물 속에 CO_2 농도가 높을 때, 산도가 높을 때(pH가 낮을 때), 동식물의 유기물이 많을 때, 온도가 낮을 때, 압력이 높을 때 잘 녹는다. 이런 요인 가운데 물 속에 있는 CO_2 농도는 석회암을 녹이는 가장 중요한 요인으로 알려져 있다. 왜냐하면 CO_2는 물과 결합하여 약산인 탄산(H_2CO_3)을 만들며 산도를 높여 석회암이 녹는 것을 촉진시키기 때문이다. 특히 그 물에 유기물이 있으면, 이 유기물이 CO_2를 발생시켜 석회암을 더욱 잘 녹이는 조건을 만든다. 실제로 유기물이 산화될 때 정상적인 빗물보다 300배 이상의 CO_2를 함유하기 때문에 석회암을 다량 녹일 수 있다.

뿐만 아니라 물리적인 영향도 배제할 수 없다. 지하수가 흐르는 속도가 빠를 때 석회암이 더 잘 녹는다. 특별히 동굴의 너비를 넓히는 데는 지하수의 빠른 속도가 아주 중요하다. 실제로 동굴 내에는 진흙, 자갈뿐 아니라 다량의 빠른 물에서나 움직일 수 있는 수 미터의 각진 돌들도 쉽게 관찰된다. 이는 동굴이 형성될 당시에 지하수의 양이 많았으며 속도도 빨랐다는 것을 의미한다.

실제로 석회동굴의 형성은 어떤 과정보다도 노아 홍수와 그 이

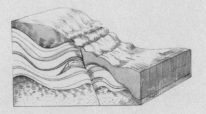

노아 홍수 후기 지층이 휘면서 균열이 만들어졌다.

지하수가 빠져나가며 동굴이 더 넓어졌다.

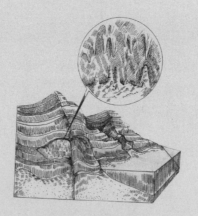

홍수 이후 종유석과 석순이 만들어졌다.

석회동굴의 형성 과정

후에 일어난 빙하시대 틀에서 쉽게 이해된다. 이 과정을 요약하면 다음과 같다.

1. 노아 홍수 전기에 광활한 석회암 지층이 형성되었다.
2. 노아 홍수 후기에 전 지구를 덮었던 물이 바다로 물러가는 과정 동안에 아직 단단해지지 않은 지층이 휘면서 습곡이 형성되었으며, 이때 석회암에 많은 균열이 일어나 공간이 형성되었다.
3. 노아 홍수 후기 과정 동안 지하수도 평형 상태에 도달되기 위해 빠르게 바다로 흘러갔다. 이때 지하수의 빠른 속도는 균열 공간을 더 넓혔고, 물 속에 있는 유기물이 분해됨으로써 더욱 쉽게 동굴을 확장시켰다. 이 과정에서 동굴이 형성되었다.
4. 지하수가 빠져나간 동굴은 공기로 채워졌을 것이며, 이때 종유석, 석순, 석주 등과 같은 동굴 형성물이 빠르게 성장했을 것이다. 더군다나 석회암은 낮은 온도에서 더 잘 용해되기 때문에 빙하시대 기간에 동굴 형성물은 더욱 빠르게 형성되었을 것이다.

지질학자들은 동굴에서 황산 분해 반응의 산물을 발견하기도

했다. 이 산물들은 미국의 뉴멕시코 주에 위치한 유명한 국립공
원인 칼스베드(Carlsbad) 동굴과 레추길
라(Lechuguilla) 동굴과 같은 대규모 동굴
에서 발견되었는데 이들 동굴의 확장
에 10% 이상이 황산과 관련된 것으로

* Oard, Michael, Rapid cave formation
by sulfuric acid dissolution, TJ (now
Journal of Creation) 12(3), December
1998, p. 279-280.

드러났다. 이는 이 동굴들이 기존 생각보다 훨씬 빠르게 확장했
다는 것을 말한다. 왜냐하면 황산은 앞에서 언급한 탄산보다 강
산이기 때문에 석회암을 훨씬 빨리 용해시킨다. 이 황산은 화산
(마그마) 안에서 그 근원을 찾을 수 있다. 이 증거는 동굴 형성이 노
아 홍수와 빙하시대의 화산 활동과 밀접하게 연관되었음을 암시
한다.

지금 모든 석회동굴은 지하수면 위에 존재하고 있다. 그러나
지하수에 의해 동굴이 확장되기 위해서는 석회동굴이 한때 지하
수면 아래에 존재했어야 한다. 그리고 그 다음 과정인 동굴 형성
물이 성장하기 위해서는 동굴이 공기 중에 노출되어 기존 동굴을
빠르게 녹여야 하는데, 노아 홍수와 이어 일어난 성경적 빙하시
대가 이런 과정을 이상적으로 설명해 준다.

지구온난화를
어떻게 보아야 하는가?

빙하시대를 다루다 보면 최근에 빠짐없이 등장하는 질문 중
에 하나가 '지구온난화'(Global Warming)다. 아마 지구가 따뜻해진다
는 내용과 함께 빙하가 녹는 결과가 함께 다루어지기 때문일 것
이다.

오늘날 뉴스, 영상, 과학잡지 등에서 기후에 대한 조그만 변화
조차도 지구가 점점 더워진다는 틀 안에서 설명하려는 것을 쉽게
볼 수 있다. 그래서인지 미디어는 온난화의 여파가 막대하게 나
오는 결과일수록 더 크게 보도하는 듯하다.

가장 놀라운 발표 중 하나는 미국 부통령이던 앨 고어(Al Gore)
가 쓴 책《위기의 지구》(Earth in the Balance, 1992)일 것이다. 이 책은

〈불편한 진실〉(Inconvenient Truth, 2006)이라는 비디오로 제작되기도
했다. 이 책에서 고어는 빙하의 녹는 속도가 점점 빨라져서 50년
내에 대양이 평균 6m나 상승할 것이며, 이것은 100만 명이 거주
하는 집들이 잠길 높이라고 언급하기도 했다. 그러나 나중에 '기
후에 대한 UN 정부 간의 패널'(Intergovernmental Panel on Climate)에서
그 상승폭을 100년 내에 25cm로 훨씬 작게 조정해서 발표했다.

이런 류의 발표 가운데는 2050년까지 기온이 30°C나 상승한다
는 것도 있다. 그런데 이런 식으로 이미 전파를 타 버린 다음에는
과학자들이 그 문제점을 지적하더라도 다시 회수되기 어렵다는
점이 더 큰 문제다.

지구온난화는 고려해야 할 변수가 많기 때문에 쉽게 단정 짓
기 어려운 문제다. 그러나 과연 어디까지가 사실이고 어디까지
가 해석일까? 그리고 과연 해석을 했다면 그것이 바람직한 해석
일까?

1880년 이래 지구의 평균 기온이 오르락내리락 하면서도 전
체적으로는 상승해 온 것이 사실이다. 국립기후센터에 의하면
1880년 이전보다 평균 0.7°C 증가했는데, 이는 아주 작은 수
치다. 온도만을 가지고 볼 때 이 수치는 온난화라기보다 단지
0.7°C가 증가했다는 사실만을 말하고 있다.

즉 그 변화 폭이 너무 미미하기 때문에 온도만으로는 앞으로

지구가 온난화로 이어질 것이라고 해석하기에는 다소 무리가 있다.

빙하시대를 벗어난 이래로 지구는 기온 변동을 겪어 왔는데, 지금보다 더 큰 변동이 기록된 적도 있다. 1300~1880년을 기후학자들은 '작은 빙하시대'(Little Ice Age)라고 부르기도 하는데 전체적으로 기온이 1.2°C 정도 낮아졌다.

지구온난화를 논하기에 앞서 먼저 온실효과가스(Greenhouse Effect gas)에 대한 이해가 필요하다. 이는 태양으로부터 지구 안에 들어온 복사열을 다시 밖으로 내보내지 않고 흡수하거나 지구로 재방출하여 온실효과를 일으키는 기체를 말한다.

온실기체는 수증기(H_2O), 이산화탄소(CO_2), 메탄(CH_4), 오존(O_3)

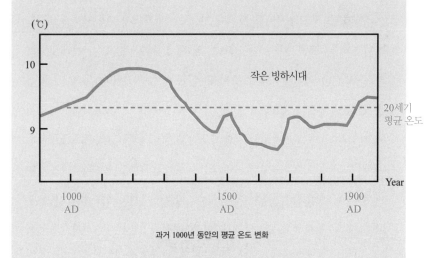

과거 1000년 동안의 평균 온도 변화

등이 있는데 가장 큰 영향을 주는 것은 수증기다. 수증기는 지구 대기의 온도를 조절하는 가장 중요한 역할을 한다. 대기온도가 높아지면 해수온도도 높아져서 증발이 많이 일어나며, 결국 대기 중에 구름도 더 많아진다. 이렇게 만들어진 구름은 태양으로부터 오는 복사에너지를 차단하므로 기온을 낮추어 결국 해수온도도 낮아지게 만든다. 해수온도가 떨어지면 증발이 적어지므로 구름도 적어진다. 구름이 적어지므로 복사에너지가 지표에 도달하게 되어 다시 온도가 상승하게 된다.

이런 순환 과정을 통하여 지구의 온도는 일차적으로 수증기에 의해 조절된다. 대양은 지구 표면의 70%나 차지하고 있으므로 지구 기온을 유지하는 데 수증기의 역할은 정말 막대하다고 할 수 있다.

온난화를 염려하는 환경운동가들의 대부분은 CO_2의 농도가 높아졌다는 점을 가장 강조한다. 실제로 지난 1850년 이래로 대기 중의 CO_2 수준은 계속 증가해 왔으며, 지난 50년간은 포물선을 그리며 빠르게 증가해 왔다.

또한 CO_2가 온실기체 중에 하나이므로 CO_2의 농도가 높아지면 기온이 높아지는 것은 사실이다. 그러나 CO_2가 온실가스 중에 하나이지 온실효과를 일으키는 유일한 기체는 아니다. 지금까지 CO_2는 온실효과에 5% 정도밖에 영향을 주지 않는 것으로 알

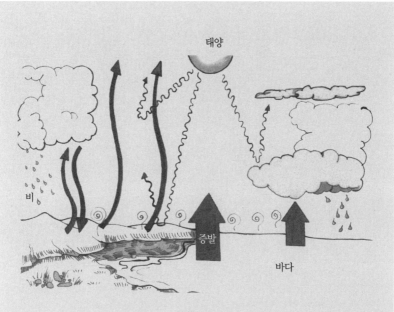

태양

비

증발

바다

물의 순환

려졌다. 기후 전문가들이 CO_2의 증가
에 따라 기온이 얼마나 민감하게 변하
느지 알기 위해 컴퓨터 실험을 한 적
이 있다. 이들은 모든 다른 변수들을

* Schneider, S. H. "What is 'dangerous'
climate change?" Nature 411 (6833),
2001, p. 17~19.

고정시켜 놓고 CO_2를 배로 증가시켰을 때 공기 온도가 1.5~6℃
증가하는 결과를 얻었다. 숫자로만 보면 놀라운 증가다. 많은 환
경운동가, 정치가, 미디어들은 이 결과를 앞다투어 발표했다.

그러나 이는 실제 존재하는 온실효과에 영향을 주는 다른 변수
들을 전혀 고려하지 않은 잘못된 상황 설정으로 이루어진 실험이

었다. 실제로 역사적으로 볼 때 CO_2가 60% 증가되었을 때 기온은 약 0.3°C 올라갔다. 이는 CO_2가 두 배로 증가할지라도 1°C밖에 증가시키지 못한다는 결과다.

대기의 변화를 컴퓨터로 실험한다는 것은 결코 쉬운 작업이 아니다. 모든 기체를 고려해야 하기 때문이다. 아울러 기체 이외에 구름, 강우, 복사열 등을 변수로 채택하는 것은 더더욱 어렵다.

그렇다면 인간에 의해 진행되고 있는 산업화가 온난화의 주범일까? 화석연료를 쓰면 CO_2가 나온다는 것은 사실이다. 그러나 이 CO_2의 양은 대양에서 증발되어 나오는 CO_2의 양과 비교할 때 아주 적은 양이다.

대양은 대기보다 CO_2를 더 많이 포함하고 있으며 대양이 따뜻해지면 CO_2는 대양으로부터 더 쉽게 증발되어 빠져나온다. 탄산음료가 따뜻하면 캔에서부터 CO_2가 더 빨리 빠져나오는 것과 같은 원리다. 이때 대양에서 나오는 CO_2의 양은 산업화로 발생되는 CO_2의 양과는 비교할 수 없이 많은 양이다.

즉 앞에서 언급한 것처럼 CO_2 자체가 온난화의 주범도 아닐뿐더러 인간이 배출하는 CO_2는 전체 CO_2 양에 비해 상대적으로 적기 때문에, 산업화가 온난화를 이끈다는 것은 꽤 과장된 생각이다. 더군다나 온실효과의 일차적인 요인이 지금까지 기온을 조절하던 대양에서 증발된 수증기라면 갑작스럽게 온난화가 온다는 것도 가능성이 희박한 예측이다.

그렇다면 지구가 따뜻해질 때 생물들은 어떻게 될까? 동식물이 멸종되고 사람도 더 어려움을 겪을까? 그러나 우리는 지구가 원래 춥지 않았으며, 추웠던 빙하시대에 훨씬 더 많은 동식물이 멸종되었다는 사실을 알아야 한다.

CO_2는 꼭 해로운 기체가 아니다. CO_2는 식물이 광합성을 하는 데 절대적으로 필요하며, 광합성을 통하여 산소가 배출된다. 사람들도 대부분 더위보다 추위로 죽는다. 더위로 죽는 인구에 비해 추위로 죽는 사람들이 열 배가량 높다.

온난화가 되면 더 심각한 가뭄이 닥쳐올까? 사막화는 더워서가 아니라 일차적으로 비가 오지 않기 때문에 발생하는 것이다. 덥지만 비가 많이 오는 정글도 많다. 오히려 지난 20세기 동안 매년 강우가 10%씩 증가했다는 것을 알아야 한다. 지구가 따뜻해지면 증발량이 많아지므로 더 많은 비가 내리기 때문일 것이다.

그렇다면 우리는 무엇을 해야 하는가? 앞에서 언급한 대기 순환 과정은 인간의 힘으로 조절 가능한 부분이 극히 미약하다. 만약 지구온난화가 일어나고 있더라도 위의 요인들을 보면 인간이 극복할 수 있는 영역을 훨씬 넘어선 것이다.

하나님은 인간에게 "땅을 정복하라"고 했다^(창 1:28). 물론 이 명령은 환경을 파괴하라는 것이 아니라 하나님께서 보시기에 좋았던 창조 당시의 환경을 유지하라는(maintenance) 것이다. 그러므로 당연히 우리는 공해와 산업폐기물에 지대한 관심을 가져야 하며, 이는 하나님의 명령을 수행하는 중요한 일이다. 그러나 큰 범위의 지구를 보존하는(preservation) 분은 인간이 아닌 하나님이시다.

> "땅과 거기에 충만한 것과 세계와 그 가운데에 사는 자들은 다 여호와의 것이로다"(시 24:1).

> "그의 능력의 말씀으로 만물을 붙드시며"(히 1:3).

홍수 심판도, 빙하시대도 모두 하나님께서 시작하신 것이다. 그때 인간은 어떤 조치도 취할 수 없었다. 빙하시대가 끝난 이래로 얼음이 국부적으로 누적될 수는 있을지라도, 지구가 빙하시대의 조건에서 벗어난 이상 빙하는 전반적으로는 녹게 되어 있다. 현재 빙하가 녹아서 후퇴하는 것은 그리 이상한 문제가 아니다. 지구는 원래 빙하라는 것이 존재하지도 않았기 때문이다.

지구온난화는 어떤 면에서 지구가 수십억 년 되었다는, 그래서 빙하기가 있고 간빙기가 반복했다는 사고의 틀에서 등장했다고 할 수 있다. 또한 지구온난화는 과거에 대한 해석이 아니라 미래에 대한 예측이다. 과거를 아는 것도 쉽지 않지만, 미래에 대하여는 답보다는 질문이 훨씬 많다.

그러므로 미래에 대하여는 자신의 편견에 더 좌우되기 쉬우며, 오늘날의 모습을 보면서 그 추세를 미래에 동일하게 적용하려는 동일과정설의 유혹에 빠지기 쉽다는 점을 염두에 두어야 한다.

에필로그

어떻게
내 손에 성경이 왔는가?

"엄마, 손가락에서 가시 좀 빼 주세요."

에덴동산에서 쫓겨난 후 하와의 자식이나 손주가 하와에게 손바닥에 찔린 가시를 빼 달라고 했을 때 그녀의 마음이 어땠을까? 가시가 나게 한 장본인이 바로 자신이 아닌가? 자기 때문에 이런 아픔이 생겼다고 아들에게 말했을 때 그녀는 정말 괴로웠을 것이다. 그리고 하와는 가시덤불도 없던, 범죄 이전의 좋았던 세상을 그리워하며 후손들에게 그런 세상을 남겨 주지 못하는 것에 대해 몹시 마음 아팠을 것이다.

"하나님께선 왜 이런 추위를 창조하셨어요?"

노아 홍수와 습윤사막을 경험하지 못한 후손 중에 한 명이 극단적인 날씨를 경험하며 할아버지 셈에게 이런 질문을 던졌다면, 그때 셈은 어떤 대답을 했을까? 습윤사막과 홍수 이전의 좋았던 모습을 말해 주며, 훨씬 좋았던 날씨를 그리워했을 것이다. 그리고 홍수 직전에 가득했던 죄악된 모습과 바벨탑을 쌓던 현장을 떠올렸을 것이다.

"옆의 나라는 왜 말을 저렇게 해요?"

바벨탑 사건 이후에 이를 경험하지 못한 손주가 할아버지에게 이렇게 물었다면 할아버지는 어떤 생각을 했을까? 탑을 쌓다가 도저히 상상하지 못하던 일, 말이 통하지 않는 일이 생겼다니! 그때 성품이 곧은 할아버지였다면 손주에게 모든 민족들이 서로 말이 통하던 시절을 이야기하며 당시 하나님을 대적하며 행한 일을 분명히 전달했을 것이다.

죄가 들어온 후로 인류는 아주 빠른 속도로 타락해 갔다. 가인이 아벨을 죽인 살인 사건은 아담과 하와가 살아 있을 때 일어났다. 홍수 심판은 아담 창조 후 1700년도 넘지 못하고 일어났다. 홍수 심판 직전 타락의 모습은 이러했다.

"그때에 온 땅이 하나님 앞에 부패하여 포악함이 땅에 가득한지라"(창 6:11).

홍수 이전의 구체적인 타락 모습은 가인의 족보 맨 끝을 차지한 라멕의 자랑을 통해서도 엿볼 수 있다.

"나의 상처로 말미암아 내가 사람을 죽였고 나의 상함으로 말미암아 소년을 죽였도다 가인을 위하여는 벌이 칠 배일진대 라멕을 위하여는 벌이 칠십칠 배이리로다"(창 4:23-24).

라멕이 살인에 주저함이나 뉘우침 없이 얼마나 당당했는지 알수 있다. 하나님께서 쓸어버리지 않고는 도저히 안 될 심판 직전의 모습이다.

바벨탑을 쌓던 시기도 마찬가지다. 홍수 심판을 겪은 노아와 셈, 함, 야벳이 여전히 살아 있을 때 탑을 쌓았다. "충만하라"는 하나님의 명령을 직접 들은 조상들이 죽지 않고 여전히 살아 있을 때, "흩어짐을 면하자"라며 하나님을 대적한 것이다.

이런 일련의 모습들이 아담의 첫 범죄 이후 사탄이 권세 잡은 세상에서 일어난 인류의 타락이다. 정말 빠르게 진행되었다. 이 땅의 권세자인 사탄은 인류의 타락 속도를 늦출 아무런 이유가 없기 때문이다.

과연 바벨탑을 쌓은 후에도 여전히 언어가 하나였다면 어땠을까? 언어가 하나였을 때 우리는 단체로 하나님을 대적하던 존재였다. 이는 참으로 사탄이 바라는 바였다. 이때 하나님은 상상할 수 없는 조치를 취하셨다. 언어를 혼잡시키셔서 서로 알아듣지 못하게 함으로써 인류를 흩으신 것이다. 인류가 지금 육대주에 퍼져 사는 것은 하나님의 명령을 잘 지켜서가 아니라 오히려 자신을 단체로 대적하는 것을 막기 위해 강제로 흩으신 것이다.

이 흩어진 사람들은 세대가 넘어가고 시간이 지남에 따라 조상이 경험하던 진짜 역사를 잊어버렸다. 하나님께서 처음 창조하신 세상이 얼마나 좋았는지, 우리가 하나님의 형상대로 창조된 존재였으나 그분 앞에서 어떤 죄를 지었는지, 왜 홍수 심판이 있었는지, 그리고 언어가 왜 나뉘었는지 이전 역사를 모두 잊어버린 것이다.

잊어버리는 것은 아주 간단하다. 그 사실을 알고 있던 부모가 자식에게 제대로 전달하지 않으면 그렇게 되는 것이다. 부모는 잘 전달했는데 자식이 받아들이지 않았어도 잊어버리게 된다. 한 세대만 역사를 전수하지 않아도 잊어버리게 된다. 왜냐하면 과거 사실은 스스로 깨달아 알 수 있는 것이 아니기 때문이다. 오직 거기에 계신 분의 계시나, 그 사실을 알고 있는 사람을 통해서만 알 수 있기 때문이다.

하나님은 그 흩어진 나라들 가운데서 이스라엘을 택하셨다. 그리고 이들에게 사실이 기록된 계시의 책인 성경을 맡기셨다(롬 3:2). 이스라엘에게 맡기신 말씀 그대로 창조자이신 독생자 예수 그리스도께서 오셨다.

그분께서 부활하신 다음 변화가 일어났다. 하나님께서 진짜 역사책인 성경을 전파하시기 시작한 것이다. 이 세상이 자기 지혜로 하나님을 알지 못하는고로 하나님께서 '전도의 미련한 것'으로 믿는 자들을 구원하시기를 기뻐하신 것이다(고전 1:21).

　한편 바벨탑 때 흩어진 나라 가운데 동쪽으로 이동한 한 민족이 있었다. 이들은 동쪽으로 계속해서 이동했다. 그리고 고조선을 세웠다. 이들도 다른 나라와 마찬가지로 세대를 넘기며 진짜 역사를 잊어버렸다. 삼국시대, 고려시대, 조선시대를 거치며 이 나라도 결국 하나님 앞에서 도저히 희망이 없는 나라가 되었다. 그 희망 없던 조선 땅에 누군가가 왔다. 바로 선교사들이다.
　그들은 맨손으로 오지 않았다. 사실이 기록된 성경책을 들고 왔다. 드디어 우리나라가 선교를 받은 나라가 되었다. 이때 우리가 성경을 통해 창조자를 알게 되었고, 그분이 나의 진정한 구원자이심을 알게 되었다. 할렐루야!

"곧 여호와의 일들을 기억하며 주께서 옛적에 행하신

기이한 일을 기억하리이다"(시 77:11).

● Williams, L. D., An energy balance model of potential glacierization of northern Canada, Arctic and Alpine Research 11, 1974.

● Oard, Michael, *The Woolly Mammoth, the Ice Age, and the Bible*, Master Books. 2004.

● Woodmorappe, John, Noah's Ark: A Feasibility Study, Institute for Creation Research, 1996.

● Douglas, L. T. Rohde, Steve Olson & Joseph T. Chang, "Modeling the recent common ancestry of all living humans", *Nature*, 30 September 2004.

- Oard, Michael, Rapid cave formation by sulfuric acid dissolution. *TJ* 12(3):279–280, December 1998.

- Schneider, S. H. "What is 'dangerous' climate change?" *Nature* 411 (200).

- 이재만, 《노아 홍수 콘서트》, 두란노, 2009.

본문에 사용한 그림 출처

P. 42 빙하시대를 이끌었던 것으로 추정되는 북미 초대형 분화구와 화산재의 분포: ruf.rice.edu/~leeman/YNPashcomp.jpg

P. 68 해수의 평균 온도 변화: Oard, Michael, *The Woolly Mammoth, the Ice Age, and the Bible*, Master Books. 2004.

P. 77 빙하시대 절정 당시 북미 지역의 빙하 분포: Michael and Beverly Oard, *Life in the Great Ice Age*, Master Books, 1993.